HÁ PODER
EM SUAS
PALAVRAS

COLEÇÃO *BEST-SELLERS*

DON GOSSETT

HÁ PODER EM SUAS PALAVRAS

Suas palavras estão carregadas de dinamite!

Editora Vida
Rua Conde de Sarzedas, 246 — Liberdade
CEP 01512-070 — São Paulo, SP
Tel.: 0 xx 11 2618 7000
atendimento@editoravida.com.br
www.editoravida.com.br
@editora_vida /editoravida

Editor responsável: Gisele Romão da Cruz
Editor-assistente: Aline Lisboa M. Canuto
Tradução: Yolanda Krievin
Preparação de texto: Equipe Vida
Revisão de provas: Josemar de Souza Pinto
Diagramação: Claudia Fatel Lino
Capa: Rubens Lima

HÁ PODER EM SUAS PALAVRAS
©1976, por Don Gossett
Título original: *What You Say is What You Get*
Edição publicada por Moody Publishers (Chicago, EUA)

Todos os direitos desta edição em língua portuguesa são reservados e protegidos por Editora Vida pela Lei 9.610, de 19/02/1998.

É proibida a reprodução desta obra por quaisquer meios (físicos, eletrônicos ou digitais), salvo em breves citações, com indicação da fonte.

∎

Exceto em caso de indicação em contrário, todas as citações bíblicas foram extraídas da *Nova Versão Internacional* (NVI)
© 1993, 2000, 2011 by International Bible Society, edição publicada por Editora Vida.
Todos os direitos reservados.

Todas as citações bíblicas e de terceiros foram adaptadas segundo o Acordo Ortográfico da Língua Portuguesa, assinado em 1990, em vigor desde janeiro de 2009.

∎

As opiniões expressas nesta obra refletem o ponto de vista de seus autores e não são necessariamente equivalentes às da Editora Vida ou de sua equipe editorial.

Os nomes das pessoas citadas na obra foram alterados nos casos em que poderia surgir alguma situação embaraçosa.

Todos os grifos são do autor, exceto os indicados.

1. edição:	1979
2. edição:	1981
3. edição:	2007
4. edição:	2009
5. edição:	ago. 2021
1ª reimp.:	jul. 2022
2ª reimp.:	nov. 2023

Dados Internacionais de Catalogação na Publicação (CIP)
(Câmara Brasileira do Livro, SP, Brasil)

Gossett, Don, 1929-2014
  Há poder em suas palavras / Don Gossett ; [tradução Yolanda Krievin].
-- 4. ed. -- São Paulo, SP : Editora Vida, 2021.

  Título original: *What you say is what you get*
  ISBN 978-65-5584-230-2
  e-ISBN 978-65-5584-026-1

  1. Palavra (Linguística) 2. Palavra (Teologia) 3. Palavra de Deus (Teologia) 4. Vida espiritual I. Título.

21-658931   CDD-248.4

Índice para catálogo sistemático:

1. Palavras : Poder : Vida cristã : Cristianismo 248.4
Cibele Maria Dias - Bibliotecária - CRB-8/9427

Sumário

Primeira Parte
O QUE VOCÊ DIZ

1. Como descobri o poder das palavras 9

2. Sustento invisível 17

3. O que dizer a uma montanha 25

4. "Não" é uma palavrinha 34

5. Será que o silêncio é ouro? 40

6. A honestidade é a melhor política 45

7. Como multiplicar seu dinheiro 53

8. Mais sobre dinheiro 65

9. Como expulsar maus espíritos 77

10. O que há em um nome? 86

11. Você pode fazer isso 97

12. Pode acontecer com você 106

13. A cura do câncer 116

14. Como não receber o que você diz 126

15. Comece a falar! 132

16. Nada a temer além do medo.......................................142

17. A pessoa que falta 152

18. Ele pode...159

Segunda Parte
O QUE VOCÊ RECEBE

19. Como usar estas promessas 173

PRIMEIRA PARTE
O QUE VOCÊ DIZ

Capítulo 1

COMO DESCOBRI O PODER DAS PALAVRAS

O ano em que descobri a importância do que algumas pessoas chamam de "simples" palavras foi o mais difícil de toda a minha vida, entremeado de angústia e tribulações.

No dia 15 de agosto nasceu nossa filha, Jeanne Michelle. O parto de minha esposa foi complicado. O obstetra estava viajando, e seu substituto, um alcoólatra inveterado, foi ver minha esposa assim que ela chegou ao hospital, mas sua compulsão pela bebida fez que ele estivesse ausente no momento do parto.

Minha esposa ficou na sala de parto por um longo tempo, enquanto as enfermeiras, aflitas, tentavam localizar o médico. Eu percebi que havia surgido algum problema e comecei a orar com grande fervor.

Finalmente o médico foi encontrado, e Jeanne nasceu. Contudo, de imediato tornou-se evidente que ela não era tão saudável nem tão forte como eram os nossos outros filhos ao nascer.

O médico nos informou que minha esposa aparentemente sofrera uma séria deficiência de cálcio durante a gravidez. O cálcio, então, fora transferido do feto para a mãe, causando amolecimento e má formação dos ossos das mãos e dos pés

10 | Há poder em suas palavras

do bebê. As mãos talvez voltassem à posição normal gradativamente, por meio de massagens, mas a deformação dos pés, como a de Jeanne, geralmente era irreversível, mesmo com cirurgia. Além de tudo isso, o bebê havia apresentado problemas respiratórios, e não havia grandes expectativas de sobrevivência. O estado dela era crítico.

Os pés de Jeanne foram engessados, ela foi colocada numa incubadora devido aos problemas respiratórios, e foi designada uma enfermeira especializada para fazer massagens em suas mãos diariamente. Tivemos de deixá-la no hospital quando levei minha esposa para casa.

Como minha esposa ainda estava bastante fraca por causa do parto, eu ia visitar o bebê todos os dias no hospital. Eu me sentava ao lado da incubadora e observava Jeanne bater os pezinhos engessados um contra o outro. Só me era permitido segurá-la durante alguns preciosos momentos por dia, por isso eu passava a maior parte do tempo orando, pedindo a Deus que tocasse naquela criaturinha e lhe restaurasse a saúde e o vigor.

Finalmente, pudemos levar Jeanne para casa. Era de partir o coração ouvir o barulho dos pezinhos engessados batendo um contra o outro. Parecia que Deus dera permissão a Satanás para testar a nossa fé e dedicação até o limite máximo da nossa capacidade.

Durante esse período minha esposa foi acometida de febre reumática. O médico nos informou que sua enfermidade fora causada pela mesma deficiência de cálcio que provocara os pezinhos deformados do bebê.

Eu precisei abandonar o trabalho evangelístico para cuidar de minha esposa e dos nossos três filhos: Jeanne, Michael, de 2 anos, e Judy, de 1 ano. Havia três bebês sob meus cuidados, e, em geral, eu preparava as mamadeiras para todos os três ao mesmo tempo. Apesar do estado de Jeanne, muitas vezes cheguei a pensar como era linda a visão dos três filhos que Deus nos dera!

Durante esse período de tribulação, minha esposa e eu nos aproximamos mais do que nunca do Senhor. Estudávamos a Bíblia exaustivamente e líamos muitos livros edificantes, folhetos e revistas.

Algumas semanas depois que a trouxemos para casa, os pés de Jeanne já haviam crescido tanto que o gesso precisava ser substituído. Quando o dr. Graham, nosso médico habitual, retirou o gesso, *os pés de Jeanne estavam perfeitamente normais.*

O dr. Graham nos disse que nunca vira um caso de pés deformados que tivessem sido curados completamente. E, continuou ele, Jeanne apresentou alguns problemas ao nascer, e não havia muitas esperanças de que ela sobrevivesse, mas naquele momento ela estava muito bem de saúde. Os pés estavam normais, e a respiração, ótima. O dr. Graham mostrou-se muito contente com a recuperação de Jeanne.

Embora soubéssemos que havíamos presenciado um milagre, estávamos tristes porque minha esposa continuava sofrendo com a febre reumática. Ela havia piorado muito e sofria dores cruciantes dia e noite. Tínhamos a impressão de que nosso bebê, fruto de um milagre, perderia a mãe.

Passaram-se semanas, e eu não tinha renda nenhuma. Hipotequei os móveis, mas o dinheiro se foi rapidamente. Devido ao seu estado, eu não podia deixar minha esposa sozinha e não tinha dinheiro para contratar uma pessoa para cuidar dela. Muitas e muitas vezes pedi que Deus nos ajudasse a atravessar aquela situação.

Numa noite inesquecível, enquanto eu lia o salmo 27 para minha esposa, o Espírito Santo despertou minha atenção para um versículo. Voltei-me entusiasmado para ela e disse:

— Querida, você ouviu isso?

— Ouvi o quê, Don?

A mente dela havia divagado enquanto eu lia. Eu não podia culpá-la. Ela estava acamada havia meses com febre reumática, a pele perdera a cor, seus pés e pernas estavam duas vezes maiores que o tamanho normal de tão inchados, e suas forças lentamente estavam se exaurindo. Muitos amigos vieram visitá-la para orar por ela, mas não havia nenhuma melhora visível. As perspectivas eram tão ruins que eu temia que o anjo da Morte estivesse à nossa porta. Estávamos realmente passando por uma prova de fé.

Naquela noite, enquanto ela me olhava, interrogativa, pulei da cadeira, repetindo um trecho do primeiro versículo do salmo 27: "O Senhor é o meu forte refúgio". Quando esse texto saltou aos meus olhos, abracei minha esposa e repeti: — Querida, você *ouviu* essas palavras? O Senhor é o *seu* forte refúgio!

Em voz alta e devagar, ela repetiu aquelas palavras: "O Senhor é o meu forte refúgio". Enquanto o Espírito a despertava para aquelas palavras, o olhar apático desapareceu de seus olhos e, com um entusiasmo que eu não via fazia muito tempo, ela exclamou: — Sim, *estou entendendo*! O Senhor *é* o meu forte refúgio!

Uma alegria que eu não sentia havia meses tomou conta de mim. Agitado, eu quase gritei: — Querida, se o Senhor é a força da sua vida, então você não precisa ficar deitada nesta cama! Você não precisa continuar fraca e doente! Em nome de Jesus, você pode se levantar e andar!

— Levantar e andar depois de todos esses meses na cama?!

Havia perplexidade em seu rosto. Então, confiante, ela se levantou, devagar. Percebi uma expressão de fé substituir a dúvida e o desespero em seu rosto. Enquanto lutava para ficar de pé, ela gritou, exultante: — O Senhor é a força da minha vida!

Via-se claramente que ela ainda sentia dores como sempre e que seus pés ainda estavam inchados quando os colocou no chão. Mas naquele momento ela esqueceu de si mesma; não agia pelo que sentia, mas pensava e se apoiava na poderosa e infalível Palavra de Deus. E, com ousadia, passou a exclamar: — O Senhor é a força da minha vida — reivindicando a força divina para curar seu corpo enfraquecido.

Ela levantou-se da cama. Enquanto atravessava o quarto sem vacilar, continuou repetindo, cheia de alegria: — O Senhor é a força da minha vida! O Senhor é a força da minha vida!

Quanto mais repetia a Palavra de Deus, mais força minha esposa recebia de Deus. Bem ali diante dos meus olhos, a dor desapareceu, o inchaço diminuiu e a descoloração cedeu, gradualmente. Dois médicos constataram que ela foi completamente curada da febre reumática que aleija e mata. Nunca mais, a partir daquele dia, ela voltou a sofrer dessa horrível enfermidade.

Na noite em que minha esposa foi curada da febre reumática, eu passei a entender que *há poder em nossas palavras.*

Eu creio que recebemos o que declaramos porque Deus honra sua Palavra que afirma "se alguém [...] crer que acontecerá o que diz, assim lhe será feito" (Marcos 11.23).

[...] *assim lhe será feito!* Esta é uma promessa bíblica impressionante, tão impressionante que levou algum tempo para que eu a entendesse. Salomão disse: "Quem é cuidadoso no que fala evita muito sofrimento" (Provérbios 21.23). E Jesus disse: "Mas eu digo que, no dia do juízo, os homens haverão de dar conta de toda palavra inútil que tiverem falado. Pois por suas palavras [...] serão condenados" (Mateus 12.36,37).

Contudo, apesar de estar familiarizado com essas citações bíblicas tão conhecidas, jamais me ocorreu que a promessa "[...]"

14 | Há poder em suas palavras

assim lhe será feito" era uma espada de dois gumes: ela tanto podia agir a meu favor como podia agir contra mim, *dependendo do que eu dissesse.*

Um dia, em 1961, o Senhor me falou exatamente como falou ao seu povo há muito tempo. Ele citou as Escrituras para mim. Primeiro, disse: "Vocês têm cansado o Senhor com as suas palavras" (Malaquias 2.17). Depois me falou novamente, dizendo: " 'Vocês têm dito palavras duras contra mim', diz o Senhor" (Malaquias 3.13). Fiquei perturbado! Como eu teria cansado o Senhor? Eu não podia imaginar como minhas palavras poderiam ter sido duras contra ele; sem dúvida, eu nunca dissera nada contra o meu Senhor!

Enquanto eu meditava sobre o que o Senhor poderia estar falando, o Espírito Santo, nosso grande Mestre, chamou minha atenção para o fato de eu ter desenvolvido um padrão negativo de conversa. Com frequência eu utilizava as frases "eu não posso" e "tenho medo", quando a Palavra de Deus me dizia "eu posso" e "não tema". Minhas palavras estavam em desarmonia com a Palavra de Deus; eu estava discordando do Senhor!

"Duas pessoas andarão juntas se não estiverem de acordo?", pergunta Amós 3.3. Descobri que eu não poderia andar com Deus recebendo bênçãos, vitórias e suprimento abundante enquanto estivesse em desacordo com sua Palavra. Aí estava, pois, o segredo: eu precisava concordar com o Senhor. Eu precisava afirmar o que Deus disse sobre a minha vida. Eu devia falar o que ele falava sobre minha saúde, finanças, forças, unção, poder, todas as bênçãos que ele prometeu em sua Palavra.

Enquanto o Espírito Santo me repreendia, também me levava a escrever em meu diário, para minha própria advertência, uma "Lista do nunca mais". Reproduzi a lista no final deste capítulo. Naquela ocasião, eu jamais poderia imaginar que, mais tarde, o Espírito Santo me levaria a publicar essa

"Lista do nunca mais" em muitas línguas, partilhando-a com milhares de pessoas em todo o mundo.

Louvado seja Deus! É verdade que, se você crê no que diz, *há poder em suas palavras*. Se você disser, por exemplo: "Não posso pagar minhas contas", você não será capaz de pagar suas contas, embora a Palavra de Deus diga que "O meu Deus suprirá todas as necessidades de vocês, de acordo com as suas gloriosas riquezas em Cristo Jesus" (Filipenses 4.19). Mas se você mudar sua maneira negativa de falar (ou pensar), baseado na promessa de Deus de dar-lhe o suprimento, receberá o milagre financeiro de que necessita.

O enfoque deste livro é como obter o que se declara. Mas, antes de explicar como receber o que se declara, quero fazer uma advertência: *considerando que há poder em suas palavras, jamais expresse algo que não gostaria de receber*. Para ajudá-lo a vencer hábitos negativos de conversa, vou ajudá-lo a começar por onde eu comecei: com minha "Lista do nunca mais".

MINHA LISTA DO NUNCA MAIS

Nunca mais direi "eu não posso", pois "Tudo posso naquele que me fortalece" (Filipenses 4.13).

Nunca mais alegarei falta de alguma coisa, pois "O meu Deus suprirá todas as necessidades de vocês, de acordo com as suas gloriosas riquezas em Cristo Jesus" (Filipenses 4.19).

Nunca mais direi que tenho medo, "Pois Deus não nos deu espírito de covardia, mas de poder, de amor e de equilíbrio" (2Timóteo 1.7).

Nunca mais direi que tenho dúvidas ou falta de fé, porque tenho um conceito equilibrado, de acordo com "a medida da fé que Deus lhe concedeu" (Romanos 12.3).

Nunca mais direi que sou fraco, porque "O SENHOR é o meu forte refúgio" (Salmos 27.1) e "mas o povo que conhece o seu Deus resistirá com firmeza" (Daniel 11.32).

Nunca mais direi que Satanás tem poder em minha vida, "porque aquele que está em vocês é maior do que aquele que está no mundo" (1João 4.4).

Nunca mais direi que estou derrotado, porque Deus "sempre nos conduz vitoriosamente em Cristo" (2Coríntios 2.14).

Nunca mais direi que não tenho sabedoria, pois sou de Deus, em Cristo, "o qual se tornou sabedoria de Deus para nós" (1Coríntios 1.30).

Nunca mais direi que estou doente, pois "pelas suas feridas fomos curados" (Isaías 53.5) e Jesus "tomou sobre si as nossas enfermidades e sobre si levou as nossas doenças" (Mateus 8.17).

Nunca mais direi que estou preocupado e frustrado, pois a Bíblia diz: "Lancem sobre ele toda a sua ansiedade, porque ele tem cuidado de vocês" (1Pedro 5.7). Em Cristo, estou livre de cuidados!

Nunca mais direi que sou escravo, pois "onde está o Espírito do Senhor ali há liberdade" (2Coríntios 3.17). Meu corpo é o templo do Espírito Santo!

Nunca mais direi que estou condenado, pois "agora já não há condenação para os que estão em Cristo Jesus" (Romanos 8.1). Estou em Cristo; portanto, estou livre de condenação.

Capítulo 2

SUSTENTO INVISÍVEL

Mabel Marvin, que assistiu a um dos meus cultos, contou-me um bom exemplo dos resultados que podem surgir quando aceitamos a Palavra de Deus ao pé da letra. Ela e o marido saíram-se vitoriosos de uma situação muito difícil apenas ao recusar-se a dar lugar a pensamentos e palavras negativas e declarar em voz alta sua fé concreta na provisão divina.

Eu creio que Satanás estava mais ocupado do que nunca no dia em que essa história começou, porque era domingo, numa hora em que as pessoas saíam da igreja e se dirigiam para casa. Ele estava consciente de que precisaria trabalhar mais do que nos outros dias para neutralizar o que o povo de Deus ouvira na igreja. Talvez ele estivesse observando a situação de Mabel com júbilo, mas planejou mal, pois Mabel conhecia o poder da palavra emitida quando usada de acordo com os princípios de Deus. A seguir o relato de Mabel sobre a situação:

> O sermão naquela manhã de janeiro foi sobre o falar com palavras positivas quando surgem problemas, quando tudo dá errado. O pastor havia dito que "Deus age em todas as coisas para o bem daqueles que o amam" (Romanos 8.28); portanto, Deus usará as piores circunstâncias

18 | Há poder em suas palavras

em nosso benefício, por mais impossíveis que as coisas pareçam na ocasião. Eu estava prestes a experimentar uma lição objetiva do sermão matinal.

A caminho de casa, tudo começou a dar errado. Nosso velho caminhão, único meio de transporte e fonte de renda, pois era usado para entregar leite, quebrara mais uma vez. A caixa de câmbio havia sido consertada havia menos de um mês. Ficamos desesperados, pois havia racionamento por causa da guerra.

— Desta vez não tem conserto — disse meu marido, Henry. Não sei o que faremos agora. Há tantas pessoas na minha frente na lista de prioridades que, segundo o revendedor, talvez demore dois anos para eu conseguir um caminhão novo. Mas precisamos de um caminhão *agora*. Como iremos à igreja? Como compraremos ração para as vacas? Como entregaremos leite ou faremos compras? Estou saturado disso tudo.

— Para Deus nada é impossível — lembrei. — Já estamos orando há muito tempo. Agora é hora de louvar ao Senhor pelo novo caminhão. Vamos pôr em prática o sermão de hoje!

Henry me olhou como se eu tivesse perdido o juízo. Hesitou por um momento e, então, disse: — E se pusermos o sermão em prática e não recebermos um caminhão novo?

— Como é que vamos saber se não experimentarmos? — respondi. — Vou começar a louvar ao Senhor pelo caminhão novo agora e não vou parar até conseguirmos um. O Senhor conhece a nossa necessidade. Ele há de supri-la. Deus prometeu que supriria todas as nossas necessidades "de acordo com as suas gloriosas riquezas em Cristo Jesus" (Filipenses 4.19).

Havia duas colinas no trecho de mais de três quilômetros, e o frio era cortante, mas durante todo o trajeto louvamos ao Senhor pelo caminhão novo. No dia seguinte, continuei a louvar ao Senhor.

Eu estava de joelhos, ainda louvando ao Senhor, quando Henry telefonou para contar que tinha um caminhão Dodge novo! O sr. Johnson, que o levara à cidade depois que o nosso caminhão quebrou, havia entrado numa concessionária Dodge para resolver algum negócio. Havia chegado um caminhão na tarde anterior, mas quem o encomendou desistiu de comprá-lo porque a distância entre os eixos era pequena demais para ele. O sr. Johnson mencionou nossa necessidade ao revendedor, e Henry comprou um caminhão Dodge novo!

Não há coincidências para Deus. Ou, talvez, eu deva reformular a frase e citar Sam Feldman, um querido irmão judeu no Senhor, que costuma dizer: "A coincidência é o trabalho artesanal de Deus". Aqueles que andam com Deus já viram "coincidências" demais depois de orar, muitas respostas "acidentais" às orações, e com tamanha frequência que não acreditam mais em coincidências. Mabel Marvin experimentou o poder que existe em usar as palavras como instrumento de fé para abrir a porta para as abundantes bênçãos de Deus. Ela aprendeu que Deus era *seu* "sustento invisível". Como aprender a tornar Deus o seu "sustento invisível"? É simples — basta seguir as instruções.

Se você quiser aprender como se constrói uma lareira, basta comprar um manual que ensine a fazê-lo. Se quiser aprender a fazer uma torta, basta consultar um livro de receitas. Se você

20 | Há poder em suas palavras

quiser saber como Deus provê às suas necessidades, basta consultar seu manual de instruções.

Segundo a revista *Seleções*, o grande inventor Buckminster Fuller certa vez declarou que o problema da espaçonave Terra era não ter um manual de instruções. Ele estava errado. A espaçonave Terra *tem* um manual de instruções, e esse manual é a Bíblia. No que tange a você e a mim, o Manual do Fabricante nos ensina a operar a espaçonave Terra e seus habitantes e também nos diz como transmitir nossos pedidos de assistência técnica ao Fabricante.

Em primeiro lugar, o manual ensina que, se vamos pedir favores a Deus, precisamos estar em condições de estabelecer contato com ele. Muitas pessoas acreditam que Deus não existe porque suas orações não são respondidas. Seria como afirmar que Don Gossett não existe porque ele não atende o telefone! Mas, de acordo com o nosso manual, há uma *razão* por que Deus não se comunica com algumas pessoas: "Mas as suas maldades separaram vocês do seu Deus; os seus pecados esconderam de vocês o rosto dele, e por isso ele não os ouvirá" (Isaías 59.2). Deus não está morto, apenas não está ouvindo!

Como Deus pode nos ouvir? O manual também abrange esse aspecto. Em primeiro lugar, não deveríamos nos surpreender por Deus *não* nos ouvir, pois o manual revela que "todos pecaram" (Romanos 3.23). Portanto, se temos problemas para entrar em contato com Deus, precisamos pedir-lhe que nos perdoe, que apague os nossos pecados. Ele pode perdoar os nossos pecados porque Jesus Cristo, o seu Filho, assumiu a nossa culpa: "o Senhor fez cair sobre ele a iniquidade de todos nós" (Isaías 53.6).

Jesus assumiu a culpa do mundo inteiro, mas para nos beneficiarmos desse fato a Bíblia ensina que precisamos tomar

Sustento invisível | 21

determinadas atitudes: "Arrependam-se, pois, e voltem-se para Deus, para que os seus pecados sejam cancelados" (Atos 3.19). "Arrepender-se" é decidir viver segundo a vontade de Deus, pedir-lhe perdão pelos pecados cometidos e pedir a Jesus Cristo para entrar em nosso coração e em nossa vida (Apocalipse 3.20).

Se já demos esses passos tão simples, "o sangue de Jesus, seu Filho, nos purifica de todo pecado" (1João 1.7); "o Espírito de Deus habita em vocês" (Romanos 8.9); "O próprio Espírito testemunha [...] que somos filhos de Deus" (João 1.12; Romanos 8.16,17); e "Aí sim, você clamará ao Senhor, e ele responderá; você gritará por socorro, e ele dirá: Aqui estou" (Isaías 58.9).

O homem mediano, caso pense em Deus, é provável que pense nele como pai. Mas será que Deus pensa *nesse homem* como seu filho? Só se ele já se colocou sob o senhorio de Jesus Cristo ao se arrepender e aceitar Jesus como Senhor e Salvador. Todo indivíduo que aceita Jesus é filho de Deus.

As pessoas que não conhecem Deus, ou que o conhecem há pouco tempo, surpreendem-se ao saber que Deus inventou a burocracia. Contudo, a burocracia de Deus não gera confusão! No momento em que você aceita Jesus, seu nome é oficialmente registrado no céu como filho adotivo de Deus, numa central de registros chamada "Livro da vida do Cordeiro". Então, segundo Deus, você passa a ter o direito legal de declarar-se filho e herdeiro de Deus. E pode reivindicar como seus todos os direitos e privilégios desfrutados por Jesus Cristo, o único Filho de Deus por nascimento. Você é coerdeiro com Jesus Cristo e pode partilhar de todos os seus privilégios! Por isso, *há poder em suas palavras*!

Quando é adotado por Deus você tem à sua frente uma vida completamente nova, uma vida eterna, conduzida de acordo com regras totalmente diferentes das regras que você seguia até então. Antes, você fazia tudo de acordo com as leis da natureza. Agora, embora ainda possa viver de acordo com as leis naturais, você tem outro conjunto de leis à sua disposição. Como filho de Deus, você tem o direito de viver de acordo com suas leis sobrenaturais.

Ken Copeland, em um de seus livros, deu um exemplo muito bom de como as leis sobrenaturais de Deus podem, às vezes, "infringir" suas leis naturais. Ken é piloto e entende muito de aviões. Ele observou que os aviões parecem "desobedecer" à lei da gravidade. Contudo, na realidade, os aviões funcionam de acordo com a lei da força de sustentação, outra lei natural que simplesmente transcende os problemas apresentados pela lei da gravidade. Da mesma maneira, as leis sobrenaturais de Deus transcendem suas leis naturais. De uma forma conhecida apenas por Deus, seus filhos só precisam falar e crer, e aquilo que falaram se realizará. Louvado seja Deus por não precisarmos saber como isso funciona! Você não precisa saber como a força de sustentação transcende a gravidade para viajar de avião, nem precisa saber como as coisas que você diz e crê vão acontecer. Basta que aconteçam!

Exatamente como os filhos naturais do mundo precisam aprender a andar sem serem derrubados pela lei da gravidade, os filhos sobrenaturais de Deus também precisam aprender como funcionam as leis sobrenaturais sem que sejam derrubados pelas leis naturais. Aprender a andar no Espírito leva tempo, exatamente como leva tempo aprender a andar na carne. Mas o esforço vale a pena.

AGRADAR A DEUS

1. "Pois sempre faço o que lhe agrada" (João 8.29). Esta é a força motivadora da minha vida cristã: viver para agradar ao Pai. Fazer sempre as coisas que lhe dão prazer!

2. "e recebemos dele tudo o que pedimos, porque obedecemos aos seus mandamentos e fazemos o que lhe agrada" (1João 3.22). As respostas às orações estão condicionadas a fazer o que agrada a Deus. Se minhas orações não têm sido respondidas, preciso agradar-lhe mais, pois sei que seus olhos estão sempre sobre mim!

3. "[...] recebeu testemunho de que tinha agradado a Deus" (Hebreus 11.5). Este é o desejo do meu coração, minha ousada ambição: receber igual testemunho de que agrado a Deus com a minha vida, com o meu tempo, com os meus talentos, com o meu dinheiro, com tudo o que eu tenho!

4. "Sem fé é impossível agradar a Deus" (Hebreus 11.6).

   Como só é possível agradar a Deus pela fé, viverei, com ousadia, pela fé. Como? Vivendo "pela fé no filho de Deus" (Gálatas 2.20).

   " 'A palavra está perto de você; está em sua boca e em seu coração', isto é, a palavra da fé que estamos proclamando" (Romanos 10.8).

   "a fé vem por se ouvir a mensagem, e a mensagem é ouvida mediante a palavra de Cristo" (Romanos 10.17).

5. "Acaso busco eu agora a aprovação dos homens ou a de Deus? Ou estou tentando agradar a homens? Se eu ainda estivesse procurando agradar a homens, não seria servo de Cristo" (Gálatas 1.10). Como cristão verdadeiro, busco, acima de tudo, agradar ao meu Senhor. "Obedeçam-lhes, não apenas para agradá-los quando eles os observam, mas como escravos de Cristo, fazendo de coração a vontade de Deus" (Efésios 6.6).

6. "Nós, que somos fortes, devemos suportar as fraquezas dos fracos, e não agradar a nós mesmos. Cada um de nós deve agradar ao seu próximo para o bem dele, a fim de edificá-lo. Pois também Cristo não agradou a si próprio [...]" (Romanos 15.1-3). Agradar a Deus significa deixar de agradar a si mesmo, a fim de servir aos outros no lugar de Cristo.

7. "Pois assim diz o SENHOR: '[...] escolherem o que me agrada'" (Isaías 56.4). Escolherei fazer aquilo que agrada ao meu Senhor.

"Assim, quer vocês comam, quer bebam, quer façam qualquer outra coisa, façam tudo para a glória de Deus" (1Coríntios 10.31).

"Tudo o que fizerem, seja em palavra, seja em ação, façam--no em nome do Senhor Jesus, dando por meio dele graças a Deus Pai" (Colossenses 3.17).

"Tudo o que fizerem, façam de todo o coração, como para o Senhor, e não para os homens, sabendo que receberão do Senhor a recompensa da herança. É a Cristo, o Senhor, que vocês estão servindo" (Colossenses 3.23,24).

Capítulo 3

O QUE DIZER A UMA MONTANHA

Inúmeras pessoas limitam a felicidade e o sucesso na vida porque jamais percebem a importância das palavras, palavras de todos os tipos. No capítulo 11 de Marcos há uma história interessante sobre o poder da palavra falada. Jesus e seus discípulos seguiam de Betânia para Jerusalém, e Jesus sentiu fome.

> Vendo a distância uma figueira com folhas, foi ver se encontraria nela algum fruto. Aproximando-se dela, nada encontrou, a não ser folhas, porque não era tempo de figos. Então lhe disse: "Ninguém mais coma de seu fruto". E os seus discípulos ouviram-no dizer isso (v. 13,14).

Ali está Jesus falando a uma árvore! E sabemos que falava em voz alta porque "seus discípulos ouviram-no dizer isso". É evidente que nada aconteceu no momento em que ele falou, mas a Bíblia relata o que ocorreu na manhã seguinte, quando Jesus e os discípulos passaram novamente pela figueira:

> De manhã, ao passarem, viram a figueira seca desde as raízes. Pedro, lembrando-se, disse a Jesus: "Mestre! Vê!

A figueira que amaldiçoaste secou!" Respondeu Jesus: "Tenham fé em Deus. Eu asseguro que, se alguém disser a este monte: 'Levante-se e atire-se no mar', e não duvidar em seu coração, mas crer que acontecerá o que diz, assim lhe será feito" (20-23).

Observe que, nessa passagem, Jesus falou mais sobre dizer do que sobre crer!

Kenneth Hagin diz que Marcos 11.23 é o segredo para obter, com sucesso, milagres de Deus. Austin Barton, outro amigo meu, tem um testemunho comovente da natureza prática e do poder dessa passagem das Escrituras. Ele sofreu vários infartos graves seguidos de um derrame. Parecia não haver mais esperança de recuperação. Baseando-se nesse texto, ele simplesmente disse à "montanha do coração danificado e da saúde combalida" que se retirasse, e foi curado, para glória de Deus. Ele reassumiu o ministério, e os especialistas concordam que não há a mínima evidência em seu corpo dos sérios problemas cardíacos que o acometeram.

O texto de Marcos 11 também tem sido uma grande fonte de poder em minha vida, e eu o desafio a se lembrar de que, "*se alguém disser* [...] e não duvidar em seu coração, mas crer que acontecerá o que diz, assim *lhe será feito*".

Algumas pessoas interpretam essa passagem como uma referência à oração. Certamente a oração ocupa posição de destaque e é uma fonte de grande poder, mas aqui Jesus está falando sobre *dizer*, não *orar*. Antes, porém, de você *dizer* de acordo com essa passagem, há mais uma coisa que precisa saber. Você precisa saber como não abrigar dúvidas no coração.

A *dúvida* é o oposto da *fé*. Como se adquire fé? Você decide confiar na Palavra de Deus. Como se dá margem à dúvida?

Você decide não aceitar a Palavra de Deus ao pé da letra ou você decide *não* confiar na Palavra de Deus no assunto em questão. A decisão de ter fé, aceitar a Palavra de Deus no assunto, precisa ser firme. Quando você decide que a Palavra de Deus não é digna de confiança, você está duvidando. Eis por que Tiago nos diz: "Peça-a, porém, com fé, sem duvidar, pois aquele que dúvida é semelhante à onda do mar, levada e agitada pelo vento. Não pense tal pessoa que receberá coisa alguma do Senhor, pois tem mente dividida e é instável em tudo o que faz" (Tiago 1.6-8).

Tendo mencionado que não devemos vacilar se esperamos receber alguma coisa de Deus, precisamos também destacar que é a nossa *fé* que deve permanecer firme, por mais amedrontados ou inseguros que possamos nos *sentir* quanto à solução do problema.

Na noite em que minha esposa foi curada da febre reumática, ela se sentia muito mal, fraca e com dores. Minha esposa não sentia que o Senhor era sua fortaleza, mas ela *creu* nisso. Como ela soube que ele era sua fortaleza? Estava registrado na Palavra dele. Como foi Deus quem fez essa afirmação, só podia ser verdade, não importavam as evidências contrárias oferecidas por seu corpo.

A Bíblia diz que Deus "chama à existência coisas que não existem, como se existissem" (Romanos 4.17). Deus não mente, apenas age de maneira diferente da nossa. Nosso método é ver e, depois, crer, como o incrédulo Tomé. O método de Deus é crer e, depois, ver. Deus diz: "Felizes os que não viram e creram" (João 20.29).

O texto de Marcos 11.23 apresenta duas condições para que nossos pedidos sejam atendidos. A primeira é crer: você precisa crer em seu coração que aquilo que você diz vai acontecer. A segunda é expressar: você precisa expressar o que crê para que aquilo que você diz aconteça.

28 | Há poder em suas palavras

Muitas pessoas acham que precisam ter uma "grande fé" para suas palavras operarem milagres. Contudo, não foi isso que Jesus ensinou. Ele disse: "se vocês tiverem fé do tamanho de um grão de mostarda, poderão dizer a este monte: 'Vá daqui para lá', e ele irá. Nada será impossível para vocês" (Mateus 17.20).

O versículo acima ampliou nossa compreensão de como obter o que dizemos, mostrando-nos que precisamos apenas de *um pouquinho de fé*; vemos, mais uma vez, que é necessário *expressar a fé em palavras*. Depois de entender o que é fé, é fácil tanto ter fé como enunciar as palavras.

Afinal, o que é fé? Em primeiro lugar, quero destacar o que a fé não é: a fé não é sentimento. Você pode sentir que alguma coisa vai acontecer, e ela não acontece; mas, quando se tem fé que alguma coisa vai acontecer, ela acontece.

Tanto o Antigo Testamento como o Novo Testamento mostram Abraão como um exemplo de fé: "Abraão creu em Deus, e isso lhe foi creditado como justiça" (Tiago 2.23). Em que Abraão creu? Quando Abraão se encontrava na plenitude da vida, Deus lhe prometeu um filho e disse que seus descendentes seriam incontáveis. Mas, aos 99 anos, Abraão ainda não tinha herdeiro, contudo Deus lhe apareceu e disse: "Mas a minha aliança, eu a estabelecerei com Isaque, filho que Sara dará a você no ano que vem, por esta época" (Gênesis 17.21). A Bíblia nos revela que foram necessários dois milagres porque tanto Sara como Abraão já eram muito idosos para gerar filhos! O milagre de Sara também foi pela fé.

Hebreus 11.11 nos diz que "Pela fé Abraão — e também a própria Sara, apesar de estéril e avançada em idade — recebeu poder para gerar um filho, porque considerou fiel aquele que lhe havia feito a promessa".

A Bíblia relata que Abraão, "Sem se enfraquecer na fé, reconheceu que o seu corpo já estava sem vitalidade, pois já contava cerca de cem anos de idade, e que também o ventre de Sara já estava sem vigor. Mesmo assim não duvidou nem foi incrédulo em relação à promessa de Deus, mas foi fortalecido em sua fé e deu glória a Deus, estando plenamente convencido de que ele era poderoso para cumprir o que havia prometido. Em consequência, "isso lhe foi creditado como justiça" (Romanos 4.19-22).

Pela minha experiência e pelas Escrituras, estou convencido de que Abraão não se sentia capaz de gerar um filho. Na verdade, a Bíblia registra que, quando Deus lhe disse que o filho nasceria no ano seguinte, "Abraão prostrou-se com o rosto em terra; riu-se e disse a si mesmo: 'Poderá um homem de cem anos de idade gerar um filho? Poderá Sara dar à luz aos noventa anos?'" (Gênesis 17.17).

Algum tempo depois, antes que Isaque nascesse, Sara ouviu Deus repetir a promessa de dar um filho a Abraão: "Abraão e Sara já eram velhos, de idade bem avançada, e Sara já tinha passado da idade de ter filhos. Por isso riu consigo mesma, quando pensou: 'Depois de já estar velha e meu senhor já idoso, ainda terei esse prazer'" (Gênesis 18.11,12). Vemos, portanto, que, embora as Escrituras atribuam o nascimento de Isaque à fé de Abraão e Sara, eles não *sentiam* que ainda poderiam ter um filho. Na verdade, quando Deus continuou a prometer o nascimento de Isaque, eles riram e, por causa disso, Deus lhes disse que dessem à criança o nome de Isaque, que significa riso.

Quando Abraão creu em Deus, "isso lhe foi creditado como justiça". A fé agrada a Deus, e "Sem fé é impossível agradar a Deus, pois quem dele se aproxima precisa crer que ele existe e que recompensa aqueles que o buscam" (Hebreus 11.6).

30 | Há poder em suas palavras

Considerando que a fé é um componente crucial em nosso relacionamento com Deus, é bom saber que ela é um dom (veja Efésios 2.8) e que Deus concede a cada pessoa uma medida de fé (Romanos 12.3). Como Deus concede a cada indivíduo uma medida de fé, e uma vez que precisamos ter fé do tamanho de um grão de mostarda para remover uma montanha, não precisamos nos preocupar se temos ou não temos fé. O que importa é pôr a fé que temos na direção certa.

Eu louvo ao Senhor porque a fé não depende de sentimentos. Afinal, não podemos decidir como sentir. Em geral, os sentimentos afloram; não podemos decidir de antemão o que vamos sentir. A fé, porém, não é uma questão de emoções ou sentimentos, ou de sensações físicas. A fé é uma questão da vontade. Considerando que já temos uma "medida de fé" (quer sintamos quer não), para "ter fé" só precisamos aceitar a Palavra de Deus sobre o assunto em questão. Se decidimos aceitar a Palavra de Deus em algum assunto (o que não é difícil, pois Tito 1.2 nos diz que Deus não pode mentir), então saberemos de antemão que receberemos o que Deus nos prometeu, antes mesmo de ver o que vai acontecer. Eis por que o escritor de Hebreus diz: "a fé é a certeza daquilo que esperamos e a prova das coisas que não vemos" (Hebreus 11.1). Se decidimos aceitar a Palavra de Deus, essa decisão (fé) é a evidência de que obteremos as "coisas que não vemos" que estamos esperando.

Quando minha esposa decidiu aceitar a palavra de Deus que dizia que o Senhor era sua fortaleza, ela ainda sentia dor como sempre. Seus pés ainda estavam inchados. Não havia nenhuma evidência de que fora curada, exceto a evidência da fé. Ela sabia que a Palavra de Deus dizia: "O Senhor é a fortaleza da minha vida", portanto sabia que tinha forças. Como tinha forças, levantou-se e andou e, depois disso, descobriu que a palavra de Deus era verdadeira.

Ora, para crer em algo cuja veracidade nós não percebemos por meio dos cinco sentidos, precisamos de outro modo de reconhecer a verdade. (Se não sabemos se é verdade, então só podemos ter esperança, não podemos crer.) A única maneira de fazê-lo, levando em conta que Deus não pode mentir, é saber que podemos crer em qualquer coisa que Deus diz em sua Palavra. Se está na Bíblia, sabemos que é verdade. Foi por isso que Jesus disse: "Se vocês permanecerem em mim, e as minhas palavras permanecerem em vocês, pedirão o que quiserem, e será concedido" (João 15.7).

Que promessa! É como um cheque em branco no banco do céu: "pedirão o que quiserem, e será concedido!". E o melhor de tudo é que a Palavra de Deus, plenamente confiável, contém promessas bem abrangentes, além de algumas bem específicas. Eis aqui mais alguns "cheques em branco" do Banco de Milagres de Deus:

> "E eu farei o que vocês pedirem em meu nome, para que o Pai seja glorificado no Filho" (João 14.13).

> "O que vocês pedirem em meu nome, eu farei" (João 14.14).

> "[...] a fim de que o Pai conceda a vocês o que pedirem em meu nome" (João 15.16).

> "Peçam, e será dado" (Mateus 7.7).

A Palavra de Deus promete que, se você é cristão, basta apenas pedir, e *seu pedido será atendido*.

O PODER DE "MERAS" PALAVRAS

"Se alguém se considera religioso, mas não refreia a sua língua, engana-se a si mesmo. Sua religião não tem valor algum!" (Tiago 1.26).

"Pois quem quiser amar a vida e ver dias felizes guarde a sua língua do mal e os seus lábios da falsidade" (1Pedro 3.10).

"O falar amável é árvore de vida, mas o falar enganoso esmaga o espírito" (Provérbios 15.4).

"Coloca, SENHOR, uma guarda à minha boca; vigia a porta de meus lábios" (Salmos 141.3).

"As palavras agradáveis são como um favo de mel, são doces para a alma e trazem cura para os ossos" (Provérbios 16.24).

"Quando são muitas as palavras, o pecado está presente, mas quem controla a língua é sensato" (Provérbios 10.19).

"As palavras dos justos dão sustento a muitos, mas os insensatos morrem por falta de juízo" (Provérbios 10.21).

"Quem, pois, me confessar diante dos homens, eu também o confessarei diante do meu Pai que está nos céus. Mas aquele que me negar diante dos homens, eu também o negarei diante do meu Pai que está nos céus" (Mateus 10.32,33).

"Pois eu lhes darei palavras e sabedoria a que nenhum dos seus adversários será capaz de resistir ou contradizer" (Lucas 21.15).

"Pois com o coração se crê para justiça, e com a boca se confessa para salvação" (Romanos 10.10).

"Mas eu digo que, no dia do juízo, os homens haverão de dar conta de toda palavra inútil que tiverem falado. Pois por suas palavras vocês serão absolvidos, e por suas palavras serão condenados" (Mateus 12.36,37).

"Dar resposta apropriada é motivo de alegria; e como é bom um conselho na hora certa!" (Provérbios 15.23).

"A boca do justo é fonte de vida, mas a boca dos ímpios abriga a violência" (Provérbios 10.11).

"Quem é cuidadoso no que fala evita muito sofrimento" (Provérbios 21.23).

"Nenhuma palavra torpe saia da boca de vocês, mas apenas a que for útil para edificar os outros, conforme a necessidade, para que conceda graça aos que a ouvem" (Efésios 4.29).

Capítulo 4

"NÃO" É UMA PALAVRINHA

Creio que uma de minhas obrigações como ministro é orar pelos enfermos. "Entre vocês há alguém que está doente? Que ele mande chamar os presbíteros da igreja, para que estes orem sobre ele e o unjam com óleo, em nome do Senhor. A oração feita com fé curará o doente; o Senhor o levantará. E, se houver cometido pecados, ele será perdoado" (Tiago 5.14,15).

Contudo, embora a Bíblia prometa curar os enfermos, uma senhora que conheci ao iniciar meu ministério de cura pôs um fardo bem pesado em meu coração. Ela padecia de um problema de asma que se arrastava havia muito tempo. Eu precisei orar muitas vezes por ela, e não havia sinal de melhora.

Certo dia ela me falou de seus problemas. Profundamente sincera, mas tão desanimada que não conseguia falar sem chorar, ela disse:

— Irmão Gossett, não entendo por que não consigo ser curada. Conheço pessoas pelas quais o senhor orou, pessoas que sofriam de asma e foram curadas. Se é verdade que Deus não faz acepção de pessoas, por que ele não *me* cura?

Respondi:

— Não sei por que a senhora ainda não foi curada, mas quero saber tudo a seu respeito.

Na mesma hora ela começou a desabafar o que havia em seu coração. Falou sobre a enfermidade e a impossibilidade de ser curada.

— Sofro de asma há muitos anos, mas não consigo ser curada. Já oraram por mim muitas vezes. Outras pessoas, além do senhor, também oraram, mas não consigo ser curada. Há noites em que as crises são tão sufocantes que chego a pensar que vou parar de respirar. No dia seguinte, depois dessas crises, não consigo levantar da cama. Em outras ocasiões, estou bem pela manhã, mas por volta do meio-dia surge uma crise, e eu não posso fazer mais nada. Trabalho num escritório e, muitas vezes, nem chego ao final do expediente devido à dificuldade para respirar. Eu tenho orado, tenho jejuado, tenho examinado o meu coração. *Por que* não consigo ser curada?

Fitei aquela senhora. Tudo nela demonstrava sinceridade. Não havia dúvida de que ela buscava realmente ser curada pelo Senhor.

— Senhora Allison, eu quero ajudá-la e creio que Jesus deseja curá-la, mas há uma coisa que a senhora precisa vencer, algo tão grave como essa asma, antes de ser curada.

Sua expressão perplexa parecia dizer: "Eu não estou entendendo o que você está falando. Já tentei *tudo*".

Eu nem sequer esperei que ela expressasse suas dúvidas. Fui direto ao problema:

— Posso ser totalmente sincero e falar sem rodeios sobre algo que acho muito importante? A senhora sabe quanto desejo ajudá-la. A senhora aceitará o que vou dizer como sendo palavras de um servo do Senhor?

Sem a menor hesitação, ela respondeu:

—Claroquesim.Vimprocurá-loembuscadaverdadeequero que o senhor me *diga* a verdade. Ajude-me no que for possível.

Se o Senhor lhe mostrar alguma coisa em minha vida que não esteja em ordem, quero que me diga. Não me sentirei ofendida. Por favor, diga-me.

Calma e lentamente expliquei-lhe:

— É verdade que a senhora tem um caso grave de asma, mas eu estava me referindo a algo muito grave, quase tão grave quanto a asma: sua atitude negativa. A senhora tem um caso grave de "derrotismo não posso" como ainda não vi igual. Durante seu relato a senhora repetiu várias vezes: "Eu não posso. Não consigo ser curada. Não posso respirar. Não consigo levantar da cama de manhã. Não posso continuar. Não posso ficar no escritório". Sua vida parece ser feita de derrotas, de "não posso" isso e "não posso" aquilo. Ora, em parte alguma da Bíblia Deus a descreve como uma "derrotada não posso", mas de alguma forma a senhora foi infectada pelo derrotismo. Antes que haja alguma melhora significativa em sua vida, antes que haja cura, a senhora precisa mudar esse "não posso, não consigo" para "eu posso, eu consigo". Deus só poderá agir para ajudá-la como ele deseja quando a senhora mudar de atitude.

Ela não parava de chorar. Por mais comovido que eu me sentisse com o problema e com seu estado emocional, eu não podia interromper o que dizia caso quisesse ajudá-la a abrir a porta para Deus, para a graça e o poder dele.

Ela aceitou minhas observações e, ainda chorando, perguntou:

— Mas o que posso fazer? Como posso mudar minha atitude?

Abri a Bíblia em Filipenses 4.13 e pedi-lhe que lesse o versículo. Em tom baixo, mas com uma determinação que antes não havia em sua voz, ela leu: "Tudo posso naquele que me fortalece".

— Pois *esse* é o segredo — falei. — Em lugar de dizer: "*Não posso* ser curada", comece a afirmar: "Em Cristo, que me fortalece, *posso* todas as coisas; *posso* ser curada; *posso* ficar completamente curada por intermédio de Cristo, que é a minha força e o meu restaurador; pelas suas feridas estou curada".

Não houve uma recuperação instantânea. A sra. Allison havia praticado por tanto tempo o "não posso" que foi preciso disciplinar-se para treinar seus lábios rebeldes a declarar a palavra de Deus. Meses depois tornei a vê-la. Ela estava alegre e radiante. Ansiosa, contou como Deus efetuara a cura total da asma dolorosa e assustadora que perturbara sua vida durante tanto tempo.

Agora vou apresentar-lhe um rápido *replay* do que a sra. Allison dizia antes de aprender como poderia ser curada: "Eu sofro de asma há muitos anos, mas *não consigo ser curada* dessa enfermidade. Já oraram por mim muitas vezes. Outras pessoas, além do senhor, também oraram, mas *não consigo ser curada*".

A sra. Allison recebia segundo o que afirmava. Quando dizia: "Não consigo ser curada", ela não conseguia ser curada. Quando declarou: "Posso ficar completamente curada por intermédio de Cristo, que é minha força e o meu restaurador; pelas suas feridas estou curada", então ela foi curada. É preciso admitir que não houve uma recuperação instantânea. Até mesmo pessoas que vêm edificando a fé durante anos nem sempre obtêm recuperação imediata. Mas o que importa é que *ela foi curada*. A sra. Allison não só recebeu sua cura, no sentido de aceitar a Palavra escrita de Deus que diz "pelas suas feridas fomos curados" (Isaías 53.5), mas no devido tempo também tomou posse de sua cura física, no sentido de não precisar mais crer na cura porque podia senti-la em cada movimento de respiração que fazia. *Há poder em suas palavras.*

CONCORDANDO COM DEUS

"Duas pessoas andarão juntas se não estiverem de acordo?" (Amós 3.3).

"Enoque andou com Deus" (Gênesis 5.24).

1. Muitas pessoas desejam andar com Deus. Mas como podemos verdadeiramente andar com Deus, se não estivermos de acordo com ele? Estar de acordo com Deus é dizer as mesmas coisas que ele diz em sua Palavra sobre salvação, cura, resposta a orações e tudo o mais que ele nos diz. Precisamos entender que Deus não pode mentir, e, como ele não pode mentir, tudo o que ele nos diz deve ser verdade; portanto, deveria ser fácil para nós concordar com ele. Segundo a Bíblia, concordar com Deus significa "ter fé". "Pela fé Enoque foi arrebatado, de modo que não experimentou a morte; 'e já não foi encontrado, porque Deus o havia arrebatado', pois antes de ser arrebatado recebeu testemunho de que tinha agradado a Deus. Sem fé é impossível agradar a Deus, pois quem dele se aproxima precisa crer que ele existe e que recompensa aqueles que o buscam" (Hebreus 11.5,6).

2. Devemos concordar com Deus que *somos o que Deus diz que somos*: seus filhos gerados no céu, novas criaturas em Cristo, mais do que vencedores em Cristo. Devemos discordar do Diabo, que tenta nos convencer de que somos "maus", "fracassados", "covardes", "maus cristãos". Devemos *concordar com Deus* e *discordar do Diabo* para podermos andar com Deus.

3. Devemos concordar com Deus que *temos o que ele diz que temos*: seu nome, sua natureza, seu poder, sua autoridade, seu amor. Por intermédio da palavra dele, já possuímos

"Não" é uma palavrinha | 39

essas coisas — mas devemos tomar posse delas por meio de palavras emitidas. Nós possuímos aquilo que confessamos. Tal como Josué e Calebe, somos donos por direito do que Deus já nos deu em sua Palavra — mas devemos tomar posse da "terra prometida" pela fé.

4. Enoque andou com Deus — e nós também andamos, ao concordar que *Deus nos deu a capacidade de fazer o que ele diz que podemos fazer*: testemunhar com poder, expulsar demônios, impor as mãos sobre os enfermos e curá-los. "Tudo posso naquele que me fortalece".

5. Se falarmos só aquilo que nossos sentidos ditarem, ou o que o médico (ou o contador, o cientista, seja lá quem for) nos disser, então não estaremos de acordo com Deus. É ao falar "apenas a Palavra" que concordamos com Deus. É uma "boa confissão" de fé que produz a nossa vitória.

6. Para andarmos com Deus, precisamos discordar do Diabo. Jesus discordou dele ao declarar, com ousadia, "está escrito" quando foi tentado no deserto. (Veja Mateus 4 e Lucas 4.) Nós também devemos resistir ao Diabo com a Palavra.

7. Devemos andar dia a dia com Deus concordando com ele e com sua palavra. Porque "Deus mesmo disse [...] com confiança [...]" (Hebreus 13.5,6).

Capítulo 5

SERÁ QUE O SILÊNCIO É OURO?

Diz-se que o silêncio é ouro, e não há dúvida de que ele pode custar muito caro. Sei de mais de um caso em que o silêncio custou a uma pessoa aquilo que ela mais desejava receber de Deus.

Certa manhã, eu orei por uma senhora enferma. Nós dois exultamos com o resultado: ela se sentia perfeitamente bem. Pouco tempo depois, chamou-me para visitá-la novamente.

— Sinto-me muito perturbada. Meus sintomas voltaram tão fortes como antigamente. Não consigo entender o que está acontecendo — ela me confessou.

— Quando seu marido chegou ontem à noite, a senhora lhe contou que estava curada? — indaguei. Percebi logo sua hesitação, sua indecisão.

— Não — ela se defendeu. — Sabe, eu tinha um pouco de dúvida. Não queria fazer nenhuma afirmação até estar absolutamente certa.

— Mas a senhora não sentia mais dores — repliquei. — A senhora ainda sentiu alguma dor?

Será que o silêncio é ouro? | 41

— Ah, não, não senti mais nada. Mas, sabe, eu preciso ter muito cuidado. Meu marido é cético, e eu não quis lhe contar nada até ter certeza absoluta.

Essa mulher perdeu a batalha porque duvidou da palavra. Se ela tivesse ousado permanecer firme na palavra e confessado que estava curada, teria colhido resultados positivos. Deus promete em Jeremias 1.12: "[...] pois estou vigiando para que a minha palavra se cumpra".

Um amigo muito querido, T. L. Osborn, missionário e evangelista mundialmente conhecido, passou cinco horas comigo conversando sobre a verdade e o poder da confissão da palavra de Deus.

Osborn deu início à conversa dizendo:

— A verdade bíblica quanto ao efeito da confissão da palavra tem sido o trampolim do meu ministério ao redor do mundo.

Quando encerramos nossa discussão naquele dia memorável, suas últimas palavras foram:

— Don, ter o conhecimento que você tem sobre a confissão da palavra faz de você um homem ricamente abençoado por Deus.

Ele estava certo. Desde que entendi a importância daquilo que eu digo, desde que aprendi o que devo e o que não devo dizer, minha vida tem sido abençoada muito mais do que eu poderia sonhar ou pedir. Infelizmente, em nossa sociedade a palavra "confissão" passou a ter um significado mais negativo do que positivo. Hoje em dia costumamos associar confissão com culpa. Pessoas que cometeram crimes precisam "confessá-los". E algumas denominações dão ênfase a confissões negativas: confissão de pecados, faltas, defeitos, fraquezas e fracassos.

Segundo a maioria das definições encontradas nos dicionários, a confissão transmite ideia de culpa. Mas a definição que os

42 | Há poder em suas palavras

cristãos podem reivindicar, que também é encontrada no dicionário secular, é "o reconhecimento de uma crença". Para os discípulos de Jesus, isso significa o reconhecimento de seu poder salvador.

Essa definição engloba a promessa de Jesus de nos confessar diante de Deus se vencermos as tentações deste mundo. Apocalipse 3.5 diz que "O vencedor será igualmente vestido de branco. Jamais apagarei o seu nome do livro da vida, mas o reconhecerei diante do meu Pai e dos seus anjos". Não há nenhuma vacilação nessas palavras. Não há indecisão. Jesus disse: "reconhecerei diante do meu Pai e dos seus anjos". Quando Jesus confessar nosso nome diante do Pai, teremos permissão para reinar com ele na vida futura. "Ao vencedor darei o direito de sentar-se comigo em meu trono" (Apocalipse 3.21). "Quem, pois, me confessar diante dos homens, eu também o confessarei diante do meu Pai que está nos céus" (Mateus 10.32).

Isso não significa excluir a confissão que associamos à admissão de culpa e ao reconhecimento de nossos pecados diante de Deus. Em 1João 1.9 e Tiago 5.16 encontramos orientação para fazer exatamente isso a fim de fazermos as pazes com Deus e continuarmos em comunhão com ele e com o próximo.

A confissão de nossa fé (que difere da confissão de nossos pecados) é a confissão da palavra de Deus. Ouvir a palavra de Deus, tomar posse dela, declarar que suas promessas lhe pertencem e receber os resultados dessa promessa são os passos ordenados e diretos que levam na direção de Deus. Felizmente para nós, Deus não espera até que tenhamos dado todos esses passos, como se estivéssemos trabalhando para obter algum tipo de permissão, licença ou diploma. Ao nosso primeiro movimento em direção a ele, como um pai ele estende a mão e nos leva com firmeza ao longo do caminho. Enquanto ainda nos encontramos na primeira infância da fé, ele insiste em

Será que o silêncio é ouro? | 43

que façamos essa confissão positiva de sua posição em cada área da nossa vida. Ele jamais se afastará de *nós*. Se vacilarmos ou fraquejarmos, ele nos devolve a opção, e podemos perder terreno em nosso progresso espiritual.

Você possui o que confessa. Se for uma confissão negativa, os resultados serão negativos. Se for uma confissão positiva, os resultados serão abençoados. Há pessoas que destroem sua confissão ao vacilar entre o "sim" positivo e o "não" hesitante. Tiago disse: "Peça-a, porém, com fé, sem duvidar, pois aquele que duvida é semelhante à onda do mar, levada e agitada pelo vento. Não pense tal pessoa que receberá coisa alguma do Senhor" (Tiago 1.6,7). Quando seu coração diz um sonoro "sim" à palavra, os resultados positivos começam a acontecer em sua vida.

EU TENHO O QUE EU CONFESSO

Eu sei o que confesso e sei o que tenho.

Confesso Jesus como meu Senhor (Romanos 10.9,10); *tenho* salvação.

Confesso que "pelas suas feridas fomos curados" (Isaías 53.5); *tenho* cura.

Confesso que o Filho me libertou (João 8.36); *tenho* liberdade absoluta.

Confesso que "Deus derramou seu amor em nossos corações, por meio do Espírito Santo" (Romanos 5.5); *tenho* capacidade de amar a todos.

Confesso que "os justos são corajosos como o leão" (Provérbios 28.1); *tenho* a coragem de um leão na luta espiritual contra o Diabo.

Confesso que "Deus mesmo disse: Nunca o deixarei, nunca o abandonarei" (Hebreus 13.5); *tenho* a presença de Deus em cada passo de meu caminho.

Confesso que sou um dos "que o Senhor resgatou, os que livrou das mãos do adversário" (Salmos 107.2); *tenho* os benefícios da redenção todos os dias.

Confesso que a unção do Santo permanece em mim (1João 2.27); *tenho* capacidade de desfazer qualquer jugo por meio de sua unção.

Confesso que em nome de Jesus posso expulsar demônios (Marcos 16.17); *tenho* autoridade para libertações dinâmicas.

Confesso que posso impor as mãos sobre os enfermos para que sejam curados (Marcos 16.18); *tenho* o poder de curar os oprimidos pela enfermidade.

Confesso que Deus suprirá todas as minhas necessidades (Filipenses 4.19); não terei falta de nada, pois *tenho* os abundantes suprimentos divinos.

Confesse e possua. O caminho foi claramente indicado.

Capítulo 6

A HONESTIDADE É A MELHOR POLÍTICA

Herodes Antipas governou a Galileia desde quando Jesus era um garotinho até o ano 39 d.C. e foi a pior das criaturas. Ele herdou a maldade de seu pai, Herodes, o Grande, que mandou matar todos os meninos judeus abaixo de 2 anos de idade quando ouviu dizer que Jesus havia nascido. Mas Herodes Antipas praticou muitos atos maus por conta própria: casou-se com a esposa do irmão; mandou matar João Batista; matou Tiago, irmão de João; e mandou prender Pedro com a intenção de matá-lo. (Pedro escapou.) Por fim, Herodes fez uma coisa tão má que Deus o matou por causa disso. O que você acha que ele fez? A Bíblia relata:

> No dia marcado, Herodes, vestindo seus trajes reais, sentou-se em seu trono e fez um discurso ao povo. Eles começaram a gritar: "É voz de deus, e não de homem". Visto que Herodes não glorificou a Deus, imediatamente um anjo do Senhor o feriu; e ele morreu comido por vermes. Entretanto, a palavra de Deus continuava a crescer e a espalhar-se (Atos 12.21-24).

46 | Há poder em suas palavras

Se você deseja andar com Deus e aprender sobre "Curem os enfermos, ressuscitem os mortos, purifiquem os leprosos, expulsem os demônios" (Mateus 10.8), então há um princípio de vital importância que deve ocupar sua mente: você não pode esquecer de dar glória a Deus. "Toda boa dádiva e todo dom perfeito vêm do alto, descendo do Pai das luzes" (Tiago 1.17). Se você tem um poderoso dom de curar, se ocupa posição de grande autoridade, é apenas porque Deus lhe concedeu o dom; ele o colocou onde você está. A Bíblia ensina que "não há autoridade que não venha de Deus; as autoridades que existem foram por ele estabelecidas" (Romanos 13.1). Tudo o que você possui é porque Deus lhe deu.

Herodes Antipas não foi o único rei da Bíblia que se esqueceu de onde vinha o seu poder. Nabucodonosor foi outro. No livro de Daniel, temos o registro da história de Nabucodonosor como testemunho a "todos os povos, nações e línguas, que vivem no mundo inteiro" (4.1). A Bíblia nos conta:

> Doze meses depois, quando o rei estava andando no terraço do palácio real da Babilônia, disse: "Acaso não é esta a grande Babilônia que eu construí como capital do meu reino, com o meu enorme poder e para a glória da minha majestade?" As palavras ainda estavam nos seus lábios quando veio do céu uma voz que disse: "É isto que está decretado quanto a você, rei Nabucodonosor: Sua autoridade real foi tirada. Você será expulso do meio dos homens, viverá com os animais selvagens e comerá capim como os bois. Passarão sete tempos até que admita que o Altíssimo domina sobre os reinos dos homens e os dá a quem quer". A sentença sobre Nabucodonosor cumpriu-se imediatamente. Ele foi expulso do meio dos homens e passou a comer capim como os bois. Seu corpo molhou-se com o orvalho do céu,

até que os seus cabelos e pelos cresceram como as penas da águia, e as suas unhas como as garras das aves. "Ao fim daquele período, eu, Nabucodonosor, levantei os olhos ao céu, e percebi que o meu entendimento tinha voltado. Então louvei o Altíssimo; honrei e glorifiquei aquele que vive para sempre. O seu domínio é um domínio eterno; o seu reino dura de geração em geração. Todos os povos da terra são como nada diante dele. Ele age como lhe agrada com os exércitos dos céus e com os habitantes da terra. Ninguém é capaz de resistir à sua mão ou dizer-lhe: 'O que fizeste?' Naquele momento voltou-me o entendimento, e eu recuperei a honra, a majestade e a glória do meu reino. Meus conselheiros e os nobres me procuraram, meu trono me foi restaurado, e minha grandeza veio a ser ainda maior. Agora eu, Nabucodonosor, louvo, exalto e glorifico o Rei dos céus, porque tudo o que ele faz é certo, e todos os seus caminhos são justos. E ele tem poder para humilhar aqueles que vivem com arrogância" (Daniel 4.29-37).

Percebe agora como Deus é zeloso de sua glória? Percebe como é perigoso negar-lhe a sua glória, a glória que lhe é devida por algo que ele fez, e receber o crédito por algo que ele fez por você?

Nabucodonosor disse que *ele* mesmo construíra o reino com a força do *seu* poder, e para a honra de *sua* majestade, e, enquanto as palavras ainda se encontravam em sua boca, o reino lhe foi tirado. Ele ficou louco durante sete anos até que aprendeu a dar glória a Deus.

O erro de Herodes foi um pouco mais sério: ele permitiu que o povo o adorasse. Por causa disso, teve pena de morte.

Barnabé e Paulo foram pegos em situação igualmente perigosa em Listra, onde Paulo curou um aleijado. Quando o

48 | Há poder em suas palavras

povo viu o que Paulo havia feito, disse: "Os deuses desceram até nós em forma humana!" (Atos 14.11) e preparam-se para oferecer sacrifícios a Paulo e Barnabé. Quando ouviram isso, eles rasgaram as roupas em sinal de protesto e correram para o meio do povo, dizendo: " 'Homens, por que vocês estão fazendo isso? Nós também somos humanos como vocês. Estamos trazendo boas-novas para vocês, dizendo que se afastem dessas coisas vãs e se voltem para o Deus vivo, que fez o céu, a terra, o mar e tudo o que neles há. [...]'. Apesar dessas palavras, eles tiveram dificuldade para impedir que a multidão lhes oferecesse sacrifícios" (Atos 14.15,18).

Paulo e Barnabé não permitiram que o povo lhes desse a glória que pertencia só a Deus. Conforme informaram à multidão, eles não tinham nada de especial, eram apenas homens como os adoradores de ídolos de Listra. Tinham o poder de Deus, mas o poder era de Deus, não deles mesmos. É importante entender que *há poder em suas palavras* não porque suas palavras têm poder em si, mas porque suas palavras permitem que o poder de Deus opere em seu benefício.

Se suas palavras tivessem poder próprio — e algo acontecesse porque você disse que aconteceria —, isso seria o poder da "mente sobre o assunto". Não creio no poder da "mente sobre o assunto". A Bíblia diz que "os discípulos saíram e pregaram por toda parte; o Senhor cooperava com eles, confirmando-lhes a palavra com os sinais que a acompanhavam" (Marcos 16.20). Jesus disse: "O que vocês pedirem em meu nome, eu farei" (João 14.14). Quem faz a obra? Jesus faz a obra. Você faz o pedido, e Jesus concede o dom. Você faz a pregação, e Jesus confirma a palavra. Você diz, e Jesus faz. Como é Deus que realiza toda a obra, é importante dar-lhe toda a glória. Se você não o fizer, ele tem meios de lhe mostrar, como aconteceu com Nabucodonosor, que é ele que está no controle. Os cristãos devem ser honestos ao extremo e não devem reivindicar a glória que pertence a Deus.

Quando prego a mensagem *Há poder em suas palavras*, duas interpretações errôneas são recorrentes. Uma delas é que as pessoas acham que estou pregando "o poder da mente sobre a matéria" em lugar do "poder de Deus sobre todas as coisas", que mencionei anteriormente. A outra é quase tão prejudicial quanto a primeira. Quando prego que, se a Palavra de Deus diz que você está curado, então você está curado, algumas pessoas acham que têm licença para dizer o que quiserem, contanto que façam uma afirmação positiva — *mesmo que não seja verdade*!

Se você cair da escada e o seu tornozelo ficar roxo e extremamente dolorido e inchado, o que deveria dizer a esse respeito? Você *pode* dizer "Creio que estou curado" porque a Palavra de Deus diz que "pelas suas feridas fomos curados" (Isaías 53.5). Deus não mente. Se ele diz que você está curado, então você está curado. Você pode crer no que Deus diz. Você pode dizer o que Deus diz, mas você *não pode* afirmar que seu tornozelo não está inchado, roxo e dolorido. O Espírito Santo é o Espírito da Verdade. Jesus disse: "No entanto, está chegando a hora, e de fato já chegou, em que os verdadeiros adoradores adorarão o Pai em espírito e em verdade. São estes os adoradores que o Pai procura" (João 4.23).

Numa história de Walt Disney intitulada *Bambi*, a mãe de um cervo lhe diz: "Se você não pode dizer nada bom, não diga nada". Não é bíblico, mas há um pouco de verdade no que essa mãe pretendia ensinar. Se você não pode dizer nada verdadeiro, no mínimo não deve mentir. Se você não pode dizer nada positivo, no mínimo pode manter a boca fechada. Até aprender a fazer uma confissão positiva, você não precisa

50 | Há poder em suas palavras

dizer nada. "O tolo dá vazão à sua ira, mas o sábio domina-se" (Provérbios 29.11).

Bem, e o que você *deveria* fazer durante o período de espera entre o que você diz e o que você recebe?

Se o seu tornozelo está dolorido, você pode dizer: "Estou curado porque a Palavra de Deus diz que estou curado". Ou você pode dizer: "Meu tornozelo está dolorido, mas creio que estou curado porque a Palavra de Deus diz que estou curado e ela não mente". Ou, ainda: "Não vou levar em conta o que estou sentindo, mas o que a Palavra de Deus diz a respeito disso, e a Palavra de Deus diz que estou curado". É lógico que não se pode dizer que o tornozelo não dói quando está doendo; assim, se não se pode afirmar que ele não está doendo, não há por que falar qualquer outra coisa (além de que a Palavra de Deus diz que está curado), a não ser que alguém insista em saber como estamos nos sentindo. Deus não quer que mintamos a respeito de coisa alguma, sejam quais forem os motivos. "Pois a palavra do SENHOR é verdadeira; ele é fiel em tudo o que faz" (Salmos 33.4).

DIGA O QUE DEUS DIZ

Algumas pessoas sentem certa dificuldade em confessar que recebem algo pela fé antes que se torne palpável, que já receberam aquilo que pediram. Elas têm medo de mentir. Como, porém, Deus não mente, nós também não mentimos *quando dizemos o que ele diz*.

I. Somos o que Deus diz que somos. Somos novas criaturas: "Portanto, se alguém está em Cristo, é nova criação. As coisas antigas já passaram; eis que surgiram coisas novas!" (2Coríntios 5.17).

Somos livres, pois "ele nos resgatou do domínio das trevas" (Colossenses 1.13).

"Mas em todas estas coisas somos mais do que vencedores, por meio daquele que nos amou" (Romanos 8.37).

"somos filhos, então somos herdeiros; herdeiros de Deus e coerdeiros com Cristo" (Romanos 8.17).

Somos abençoados "com todas as bênçãos espirituais nas regiões celestiais em Cristo" (Efésios 1.3).

II. Temos o que Deus diz que temos. Temos vida: "Quem tem o Filho, tem a vida; quem não tem o Filho de Deus, não tem a vida" (1João 5.12).

Temos luz: "Quem me segue, nunca andará em trevas, mas terá a luz da vida" (João 8.12).

Temos liberdade: "onde está o Espírito do Senhor ali há liberdade" (2Coríntios 3.17).

Temos amor: "porque Deus derramou seu amor em nossos corações" (Romanos 5.5).

Temos alegria: "ninguém tirará essa alegria de vocês" (João 16.22).

Temos perdão: "o sangue de Jesus, seu Filho, nos purifica de todo pecado" (1João 1.7).

Temos paz: "temos paz com Deus, por nosso Senhor Jesus Cristo" (Romanos 5.1).

Temos propósito: "porque para mim o viver é Cristo" (Filipenses 1.21).

Temos poder: "Mas receberão poder quando o Espírito Santo descer sobre vocês" (Atos 1.8).

Temos provisão: "O meu Deus suprirá todas as necessidades de vocês" (Filipenses 4.19).

Temos perspectiva: "Na casa de meu Pai há muitos aposentos [...]. Vou preparar lugar para vocês" (João 14.2).

III. Podemos fazer o que Deus diz que podemos fazer: "Tudo posso naquele que me fortalece" (Filipenses 4.13).

Podemos expulsar demônios e curar os enfermos (Marcos 16.17,18).

Podemos compartilhar com o mundo o que temos em Cristo!

Afirme: "Eu sou o que Deus diz que sou. Eu tenho o que Deus diz que tenho. Eu posso fazer o que Deus diz que posso".

Capítulo 7

COMO MULTIPLICAR SEU DINHEIRO

Ao término de um culto pelo rádio que realizei, uma jovem de Vancouver, na Colúmbia Britânica, veio conversar comigo. Ela viera de Saskatchewan, onde nascera e fora criada.

— Fui pobre durante toda a minha vida — contou-me. — Minha família e todas as pessoas que conheço e com as quais cresci eram pobres. Agora, aqui em Vancouver, parece que essa situação se repete. Meus amigos e conhecidos são pobres. Quase nunca têm 1 dólar sobrando. Há tanta coisa que eu gostaria de fazer para o Senhor, mas realmente preciso de tudo o que ganho para atender às minhas necessidades e às do meu filho. Estou limitada pela pobreza, mas creio que de uma forma ou de outra Deus tem uma resposta para mim.

— Alegro-me por ouvi-la falar assim — respondi. — Eu também estou convencido de que Deus tem a resposta para a pobreza. Lembro-me de como a minha família era pobre durante os anos da Depressão. Quando minha mãe me visitou há pouco tempo, ela me fez lembrar que éramos tão pobres que, quando nosso relógio quebrou de vez, não pudemos comprar um novo. Em nossa casa não havia leite suficiente para repetir a tigela de cereais no café da manhã. Se quiséssemos repetir o cereal, era preciso economizar o leite do primeiro prato ou comer os flocos de milho secos. Eu *sei* por experiência como é ser pobre e incapaz de pagar as contas. Eu também odeio a pobreza e estou convencido de que encontrei a resposta de Deus para ela.

A fé na voz daquela jovem me estimulou. Estou convencido de que ela estava prestes a vencer a pobreza. Quando penso nas declarações que fez e me lembro do meu próprio lar, tão pobre, sinto vontade de ajudar os cristãos para que entendam o plano divino da prosperidade.

Há uma lei divina quanto a dar e receber. Se você quiser receber ajuda financeira de Deus, é preciso que entenda que é a medida que você dá que determina quanto você receberá de Deus. Quanto mais der, mais receberá: Deus sempre providencia para que você receba mais do que dá. Disse Jesus: "Deem e será dado a vocês: uma boa medida, calcada, sacudida e transbordante será dada a vocês. Pois a medida que usarem também será usada para medir vocês" (Lucas 6.38).

Se suas orações não estão sendo respondidas, você precisa fazer uma avaliação para ver como estão suas ofertas, principalmente se as orações sobre finanças não são respondidas. A Palavra de Deus diz que reter os dízimos e as ofertas é o equivalente a roubar de Deus:

> "Pode um homem roubar de Deus? Contudo vocês estão me roubando. E ainda perguntam: 'Como é que te roubamos?' Nos dízimos e nas ofertas. Vocês estão debaixo de grande maldição porque estão me roubando; a nação toda está me roubando. Tragam o dízimo todo ao depósito do templo, para que haja alimento em minha casa. Ponham-me à prova", diz o Senhor dos Exércitos,

"e vejam se não vou abrir as comportas dos céus e derramar sobre vocês tantas bênçãos que nem terão onde guardá-las. Impedirei que pragas devorem suas colheitas, e as videiras nos campos não perderão o seu fruto", diz o Senhor dos Exércitos (Malaquias 3.8-11).

Se você rouba os dízimos e ofertas do Senhor, no longo prazo o perdedor é você. Deus diz enfaticamente: "Vocês estão debaixo de grande maldição porque estão me roubando".

O dízimo (a décima parte de sua renda bruta oferecida a Deus) é um passo de fé e bastante difícil para muitos cristãos recém-convertidos, mas é um passo ordenado por Deus para que o coloquemos à prova. Além dos dízimos, diz Malaquias, também devemos dar ofertas a Deus. Oferta é algo que você dá a Deus *além* do dízimo de sua renda bruta.

No início talvez pareça difícil dar o dízimo e as ofertas, mas isso só ocorre até que se entenda por que Deus faz esse pedido. Ele pede para que possa devolver o que pediu. Deus se limita a dar às pessoas na mesma proporção que recebe delas. Se elas dão com liberalidade, ele dará com liberalidade; caso sejam mesquinhas no dar, ele também será mesquinho ao retribuir. Deus, porém, promete derramar sobre o que obedece às suas palavras tantas bênçãos que nem terão onde guardá-las. Além disso, Deus promete impedir que pragas devorem as colheitas.

Você não gostaria de ter a proteção divina contra calamidades financeiras inesperadas e desnecessárias ? Você receberá proteção dele se lhe pagar o que deve. Caso contrário, será como as pessoas de quem Deus falou em Ageu, que estavam retendo os dízimos:

"Vocês têm plantado muito, e colhido pouco. Vocês comem, mas não se fartam. Bebem, mas não se satisfazem.

Vestem-se, mas não se aquecem. Aquele que recebe salário, recebe-o para colocá-lo numa bolsa furada" (Ageu 1.6).

Se você está roubando os dízimos e as ofertas, não continue a receber a desaprovação de Deus em sua vida. Pague os dízimos, dê suas ofertas em nome do Senhor, e saiba que Deus fará por você o que promete. Ele abrirá as janelas do céu, derramará sobre você bênçãos transbordantes e repreenderá o devorador por sua causa! Essa é uma passagem das Escrituras na qual Deus realmente nos convida a prová-lo.

Deus promete abrir as janelas dos céus apenas se lhe forem entregues os dízimos e as ofertas. A vida espiritual de muitas pessoas é totalmente estéril e vazia porque elas são mesquinhas com Deus. A desobediência dessas pessoas tem sido paga com pobreza espiritual!

E aí surge a pergunta: "Então eu preciso comprar as bênçãos de Deus pagando dízimos e dando ofertas?". De maneira nenhuma. O dinheiro não pode comprar nada de Deus. Mas, quando você paga seus dízimos e dá suas ofertas, está *cooperando com o seu Criador*. Deus diz em sua Palavra que será liberal com os liberais e mesquinho com os mesquinhos. *Ele não pode voltar atrás com sua palavra*!

A Bíblia diz que reter o que é de Deus leva à pobreza. Deus quer derramar grandes bênçãos espirituais, físicas e financeiras sobre você. Milhares de pessoas dão testemunho desse fato. A verdadeira contribuição é um ato de fé. Deixar de contribuir é incredulidade, é dar lugar ao Diabo. Eu o desafio: resista ao Diabo, e ele fugirá de você. Diga-lhe que ele é mentiroso. Creia na Palavra de Deus e seja abençoado. Dê atenção às dúvidas lançadas pelo Diabo, e você perderá as bênçãos financeiras que Deus tem para lhe dar.

Eu o desafio a fazer algo grande no terreno da contribuição. Deus lhe faz um grande desafio. Ele diz: " 'Ponham-me à prova', diz o SENHOR dos Exércitos, 'e vejam se não vou abrir as comportas dos céus e derramar sobre vocês tantas bênçãos que nem terão onde guardá-las. Impedirei que pragas devorem suas colheitas, e as videiras nos campos não perderão o seu fruto'"! "Ponham-me à prova", diz o Senhor (Malaquias 3.10,11).

Conheço uma senhora que viveu na pobreza. Ela só possuía o suficiente para pagar a conta de gás quando aceitou o desafio de Deus para "prová-lo" com seu dinheiro. Você quer saber o que Deus fez por ela? Deus devolveu a ela cinco vezes mais, por meio de fontes inesperadas, o valor que ela deu. E tudo porque ela teve coragem de aceitar a Palavra de Deus ao pé da letra.

Se está vivendo na pobreza, você pode *abrir caminho para a prosperidade*. Se você está sendo afligido pela pobreza, o melhor que tem a fazer é dar a Deus com ousadia! O problema com a contribuição é simplesmente uma questão de crer ou não na Bíblia. As pessoas que creem no que a Bíblia diz sobre contribuição obtêm grandes bênçãos de Deus. O meu desejo é que você receba o que Deus tem de melhor para lhe dar. Busque as poderosas promessas da Bíblia sobre a contribuição e, depois, proceda segundo a Palavra de Deus.

Lembre-se de que Deus não é homem para mentir. Ele prometeu que derramará sobre você tão grande bênção (espiritual e financeira) que não haverá lugar onde guardá-la, se você o puser à prova com seus dízimos e ofertas. Isso é o que se chama oferta para "pôr Deus à prova".

Lembro-me de quando dei minha primeira oferta para "pôr Deus à prova". Eu e minha esposa estávamos viajando de Chillicothe, no Missouri, onde havíamos encerrado uma campanha evangelística, e paramos em Carthage, para assistir às reuniões dirigidas pelo evangelista Jack Coe.

A compra do Ford 1947 no qual viajávamos nos deixara quase sem dinheiro.

Certa noite, o irmão Coe recebeu o que chamou de oferta "Ponham-me à prova". Ele tomou como base para a oferta o texto de Malaquias 3.8-11.

Ele enfatizou, inúmeras vezes, que se tratava da palavra de Deus, não de homem. Era um desafio divino. Deus estava advertindo o seu povo de que deixasse de roubá-lo retendo os dízimos e as ofertas.

Enquanto o irmão Coe lia os versículos, tinha-se a impressão de que não era ele que falava, mas Deus quem falava por meio dele.

Eu precisava por Deus à prova. Minha vontade era que Deus abrisse as janelas dos céus sobre a minha vida. Eu desejava receber bênçãos que não fosse capaz de guardar.

Mais do que nunca, eu precisava que Deus repreendesse o devorador (Satanás) em meu benefício.

Eu refleti sobre quanto poderia ofertar. Havia 1 dólar em minha carteira e 5 centavos no meu bolso. Minha esposa não possuía dinheiro nenhum, nem havia nada guardado no banco ou escondido em algum lugar. Em resumo, toda a minha fortuna se resumia a 1 dólar e 5 centavos.

Para tornar o ato mais real e pessoal, o irmão Coe pediu que todos levassem à frente suas ofertas para "pôr Deus à prova" e as colocassem sobre a Bíblia aberta em Malaquias 3.

Eu sabia que Deus me desafiava a tomar uma atitude que parecia completamente irracional. Minha esposa esperava nosso primeiro filho, e pensei: "e se ela precisar de alguma coisa especial? E se eu tiver uma despesa inesperada com o carro?".

Tentei imaginar uma "saída" caso não desse certo, mas sabia que não era um raciocínio espiritual. Se eu deixasse essa ideia persistir, extinguiria e entristeceria o Espírito Santo. Creio que muitas pessoas deixam de receber o que Deus tem para elas em relação à contribuição orientada pelo Espírito porque apelam para o raciocínio mundano e, assim, extinguem, entristecem e resistem ao Espírito.

Ouvi, mais uma vez, as palavras do irmão Coe: " 'Ponham-me à prova', diz o SENHOR dos Exércitos, 'e vejam se não vou abrir as comportas dos céus e derramar sobre vocês tantas bênçãos que nem terão onde guardá-las. Impedirei que pragas devorem suas colheitas, e as videiras nos campos não perderão o seu fruto', diz o SENHOR dos Exércitos'" (Malaquias 3.8-11).

Eu tinha só 21 anos. Era uma experiência nova, mas eu ouvia claramente a palavra de Deus. Eu havia confiado na palavra dele como único fundamento para a minha salvação. Eu havia reivindicado a vida eterna alicerçado em sua palavra. Eu havia apostado toda a minha vida na palavra dele, atendendo ao santo chamado para pregar o evangelho.

Por que não confiaria em sua palavra para contribuir? Olhei para minha querida esposa sentada ao meu lado. Olhei outra vez a solitária nota de 1 dólar em minha carteira.

O que deveria fazer? A protelação ofereceu ao Diabo a oportunidade de atacar com algumas dúvidas sutis. Cheio de astúcia, ele sussurrou: — Isso é bobagem. Você não pode dar esse dólar. Pense em sua esposa. Pense no carro. Pode surgir uma emergência. Não dê ouvidos ao pregador. Há quem tem mais dinheiro do que você. Deixe que *eles* deem. Segure seu último dólar.

A essa altura, eu já sabia que era a voz do enganador, do Diabo, pois já tinha aprendido que um de seus mais engenhosos recursos é instilar o pensamento de que "outros o farão".

Além disso, eu sabia que *a vontade de Deus era que eu levasse a oferta*. O cristão tem necessidade de dar. Dar é uma das mais lindas experiências espirituais que se descobre na vida cristã.

Lembre-se das palavras do Senhor Jesus: "Há maior felicidade em dar do que em receber" (Atos 20.35).

Sim, há bênçãos incríveis no ato de dar. Aqueles que já descobriram essa verdade sabem como é importante obedecer à voz do Espírito quanto ao ato de contribuir.

De repente levantei-me e fui à frente para colocar meu último dólar sobre a Bíblia, como oferta para "pôr Deus à prova".

Quando abri mão daquele dólar e o coloquei sobre a Palavra de Deus, senti-me emocionado! Eu havia obedecido a Deus e estava cooperando com o meu Criador em algo grande e maravilhoso. Eu e Deus havíamos feito uma sociedade.

Voltei ao meu lugar com molas nos pés. Sentia-me até mais leve por ter dado aquele último dólar!

Depois do culto fui para a casa de amigos onde ficaríamos hospedados e durante o trajeto não parei de cantar hinos de louvor.

Cheguei a pensar que talvez o meu sono fosse interrompido por causa de preocupações financeiras, mas dormi muito bem! Eu tinha dado a oferta. Eu havia colocado o assunto nas mãos amorosas de Deus. Afinal, a minha vida, as minhas finanças e as minhas responsabilidades eram realmente dele. Então, descansei em paz.

Na manhã seguinte, ao acordar, o Espírito de Deus se movia em meu coração! Deus abrira as janelas dos céus para a minha alma, e eu sorvia suas bênçãos espirituais. Mesmo se eu não recebesse bênçãos financeiras em razão da oferta, as bênçãos espirituais teriam valido a pena.

"Tu me farás conhecer a vereda da vida, a alegria plena da tua presença, eterno prazer à tua direita" (Salmos 16.11). O dinheiro não pode comprar felicidade, muito menos alegria. As bênçãos de Deus não têm preço.

Mais tarde, naquela manhã, fui ao correio buscar a correspondência e encontrei-me com um empresário cristão amigo.

Depois de me cumprimentar, ele me olhou atentamente e perguntou:

— Don, como vai você?

— Muito bem, obrigado — respondi.

— E quanto às finanças?

— Ah, o Senhor tem sido bom conosco.

O Senhor *é* bom conosco. Nós não mensuramos a bondade dele pela quantidade de dinheiro que nos dá. Não! As bênçãos do Senhor enriquecem e não trazem tristezas!

Então meu amigo disse:

— Bem, eu sinto que devo ajudá-lo em seu ministério para o Senhor.

Então meu amigo enfiou a mão no bolso e pegou a carteira. Nada semelhante havia acontecido comigo, e senti-me um tanto constrangido. Olhei para o céu para não demonstrar ansiedade ou curiosidade quanto ao que ele ia tirar da carteira.

Quando ele me fitou novamente, pegou minha mão e colocou nela uma nota. Segurei a nota com força, pois ela era parte do milagre que Deus me havia prometido na noite anterior quando eu "o pus à prova" com minha oferta. Agradeci o presente e nos despedimos.

Seguimos caminhos opostos. Espiei por cima do ombro diversas vezes para ver se ele já estava a uma distância segura

62 | Há poder em suas palavras

de onde não me visse abrir a mão para descobrir o que havia dentro. Mais tarde eu disse à minha esposa que eu tinha certeza de que era mais do que 1, dólar. Eu simplesmente "sentia" que era uma quantia maior! Além do mais, eu *esperava* que fosse mais de 1 dólar, pois 1 dólar era a quantia que eu tinha dado, e Deus prometera me dar uma bênção tão grande que eu não teria onde guardá-la.

Quando, finalmente, o amigo já ia bem longe, abri a mão e lá estava uma nota de 10 dólares! Era a maior de todas as notas de 10 dólares que eu já vira! Não em tamanho, pois era uma nota convencional, mas, como fora enviada do céu, parecia-me que eram 100 dólares!

Desisti de ir ao correio! Voltei quase correndo para contar à minha esposa que Deus já havia devolvido, dez vezes mais, a quantia que eu dera na noite anterior!

Eu havia sido escalado para falar numa reunião de pastores à tarde. Estava subentendido que, sendo uma reunião de pastores, eu não seria remunerado. Contudo, um pouco antes de eu pregar, o líder daquela associação de ministros, irmão Gilchrist, levantou-se e dirigiu-se aos irmãos, visivelmente emocionado.

— Irmãos, como vocês sabem, não temos o hábito de levantar ofertas para os preletores. Nunca fazemos isso, mas hoje o Senhor falou ao meu coração. O Senhor me disse que devemos levantar uma oferta para o irmão Don Gossett, que vai nos falar esta tarde. Eu gostaria que todos obedecessem ao Senhor. Vamos, pois, levantar uma oferta especial para o irmão Gossett.

Eu me regozijei por dentro e pensei: "Aleluia, se for preciso, Deus pode mudar regras e normas antigas para suprir as necessidades dos seus servos".

Aqueles queridos irmãos me deram 25 dólares. Eu sabia que esse foi o modo usado por Deus para responder ao meu passo de fé dado na noite anterior, quando ousei "pôr Deus à prova" com o meu último dólar.

A bênção, porém, não acabou aí. Desde então, à medida que continuei dando, Deus continuou a nos abençoar de uma forma maravilhosa espiritual, física e financeiramente. Foram sete anos de aprendizado até que pudéssemos confiar plenamente nele, mas como me sinto feliz por ter dado o passo inicial naquele dia! Senti-me muito feliz também naquela ocasião. Só o fato de saber que estava guardando tesouros no céu e a certeza de estar obedecendo ao Senhor já eram recompensas suficientes em si mesmas. Mas Deus realmente fez o que disse que faria. Ele abriu as janelas do céu e derramou sobre mim bênçãos abundantes. Impediu que as pragas devorassem as minhas colheitas e me tornou uma pessoa feliz.

O QUE ESPERAR DEPOIS DE DAR

Faça suas estas declarações pessoais da Palavra de Deus. Deus cumprirá sua palavra.

1. Eu coloquei Deus à prova com dízimos e ofertas segundo Malaquias 3 e agora sei que Deus abrirá as janelas dos céus para mim e derramará bênçãos tão abundantes que não haverá nem lugar para guardá-las. Eu o louvo porque ele abriu as janelas do céu para a minha alma e por suas abundantes bênçãos que enriquecem e não causam tristeza.

2. Mais ainda, eu sei que Deus prometeu, como resposta à minha amorosa obediência em contribuir, repreender o devorador por minha causa. O Diabo é o devorador que estragaria as minhas finanças, a harmonia do meu lar, minha paz de espírito. Eu louvo o Senhor porque ele está repreendendo o devorador por minha causa.

64 | Há poder em suas palavras

3. Eu sei que Deus vai suprir todas as minhas necessidades segundo suas riquezas em glória por Cristo Jesus. Eu me apegarei firmemente a essa confissão, sem duvidar. Tiago 1.7 afirma que o homem que duvida não recebe nada do Senhor. Mas eu não duvidarei em minha expectativa de que Deus abrirá as janelas do céu, derramará bênçãos que não terei lugar suficiente para guardar e que repreenderá o devorador por minha causa. Isso está sendo feito, aleluia!

4. Semeei abundantemente, portanto Deus declara que colherei abundantemente. Abundantes bênçãos financeiras me pertencem porque Deus assim disse e ele não é homem para mentir.

5. Não contribuí de má vontade nem por necessidade. Dei com alegria, pois "Deus ama quem dá com alegria" (2Coríntios 9.7). Sei que se sonegar o que é de Deus vou cair na pobreza (Provérbios 11.24). Mas eu sou liberal ao contribuir, por isso ele cuida de todas as minhas necessidades.

6. Estou descobrindo a realidade das palavras de Jesus, que disse: "Há maior felicidade em dar do que em receber" (Atos 20.35). Contribuir com alegria e riso (2Coríntios 9.7) gera grandes bênçãos, muito maiores do que o receber. Mas, à medida que eu contribuo, o Senhor simplesmente providencia para que me seja dada uma boa medida, recalcada, sacudida e transbordante no meu regaço (veja Lucas 6.38).

7. A Palavra de Deus é seu grande "plano antipobreza", para me manter provido de dinheiro e bens materiais em abundância, suprir as necessidades de minha família e, principalmente, promover a pregação do evangelho por todo o mundo.

Capítulo 8

MAIS SOBRE DINHEIRO

"Pois o *amor* ao dinheiro é a raiz de todos os males" (1Timóteo 6.10). Não é o dinheiro que é nocivo, mas o *amor* ao dinheiro atrapalha nossa vida. Jesus disse: "Filhos, como é difícil entrar no Reino de Deus!" (Marcos 10.24). Quando amamos mais o dinheiro do que a Deus, ou quando confiamos mais no dinheiro do que em Deus, temos problemas na vida. Não permitimos que Deus nos abençoe financeiramente aqui na terra e talvez percamos a oportunidade de ir para o céu após a morte.

Jesus disse: "Então ele chamou a multidão e os discípulos e disse: "Se alguém quiser acompanhar-me, negue-se a si mesmo, tome a sua cruz e siga-me. Pois quem quiser salvar a sua vida a perderá; mas quem perder a sua vida por minha causa e pelo evangelho a salvará. Pois, que adianta ao homem ganhar o mundo inteiro e perder a sua alma?" (Marcos 8.34-36). A alma de um homem, disse Jesus, tem mais valor para ele do que o mundo inteiro — e para salvá-la ele deve estar pronto a desistir de tudo para seguir Deus. Jesus formulou esse procedimento em termos de um balanço: "lucros *versus* perdas".

O lucro recebido ao fazermos a vontade de Deus não é apenas espiritual, embora os ganhos espirituais resultantes da obediência a Deus sejam de extrema importância. A Bíblia também afirma que quando seguimos Deus recebemos bênçãos em reais e centavos. Você sabia que Deus paga juros? Para aqueles que, como Pedro, abandonaram tudo para segui-lo, ele paga juros de *10 mil por cento*! Jesus disse: "Digo a verdade: Ninguém que tenha deixado casa, irmãos, irmãs, mãe, pai, filhos, ou campos, por causa de mim e do evangelho, deixará de receber cem vezes mais, já no tempo presente, casas, irmãos, irmãs, mães, filhos e campos, e com eles perseguição; e, na era futura, a vida eterna" (Marcos 10.29,30).

Deus conhece nossa motivação. Se dermos com o intuito de receber, ainda assim ele retribuirá medida recalcada, sacudida, transbordante; mas, se dermos por amor a ele, os juros serão mais elevados: serão "cem vezes mais".

Um dos motivos pelos quais Deus deseja que façamos doações — principalmente dízimos e ofertas — é para colocarmos o dinheiro na perspectiva correta. É vontade dele que o dinheiro ocupe a posição adequada em nossa vida.

Administrado de forma inadequada, o *dinheiro torna-se senhor de tudo*. Podemos ficar tão assoberbados para ganhá-lo e tão aflitos com medo de perdê-lo que corremos o risco de deixar de lado o propósito que Deus tem para nós tanto em relação ao ministério como em relação ao testemunho. Disse Jesus: "Ninguém pode servir a dois senhores; pois odiará um e amará o outro, ou se dedicará a um e desprezará o outro. Vocês não podem servir a Deus e ao Dinheiro. [...] Portanto, não se preocupem, dizendo: 'Que vamos comer?' ou 'Que vamos beber?' ou 'Que vamos vestir?' Pois os pagãos é que correm atrás dessas coisas; mas o Pai celestial sabe que vocês precisam delas. Busquem, pois, em primeiro lugar o Reino de Deus e a sua justiça, e todas essas coisas serão acrescentadas a vocês" (Mateus 6.24,31-33).

Nesse texto, extraído do Sermão do Monte, Jesus ensina à multidão que não se pode servir a Deus e ao dinheiro, mas que, se Deus for colocado em primeiro lugar, ele suprirá todas as nossas necessidades. *Se Deus não está suprindo suas necessidades, talvez você não o esteja colocando em primeiro lugar.*

A Bíblia menciona três obstáculos que impedem a prosperidade financeira quando não colocamos Deus em primeiro lugar. Se não forem eliminados, esses obstáculos podem anular os princípios que partilhei com você no capítulo 7 — e creia, esses princípios *multiplicarão* o seu dinheiro caso sejam devidamente praticados e se esses obstáculos não tiverem permissão de interferir.

O primeiro dos obstáculos para a prosperidade é o seguinte: "Tenham o cuidado de não praticar suas 'obras de justiça' diante dos outros para serem vistos por eles. Se fizerem isso, vocês não terão nenhuma recompensa do Pai celestial. "Portanto, quando você der esmola, não anuncie isso com trombetas, como fazem os hipócritas nas sinagogas e nas ruas, a fim de serem honrados pelos outros. Eu garanto que eles já receberam sua plena recompensa. Mas, quando você der esmola, que a sua mão esquerda não saiba o que está fazendo a direita, de forma que você preste a sua ajuda em segredo. E seu Pai, que vê o que é feito em segredo, o recompensará" (Mateus 6.1-4).

A Bíblia diz que a nossa motivação para orar, jejuar e contribuir deve ser pura. Se fizermos essas coisas com o propósito de sermos vistos pelos outros, então essa será nossa única recompensa. Se, contudo, nossas ações forem motivadas pela obediência a Deus, então Deus nos recompensará. Se você tem dado dízimos e ofertas e não tem sido abençoado, talvez esse seja o motivo.

As pessoas também deixam de receber bênçãos porque dão lugar à preguiça, entregam-se à embriaguez, à glutonaria ou à

68 | Há poder em suas palavras

desonestidade. "Pois os bêbados e os glutões se empobrecerão, e a sonolência os vestirá de trapos" (Provérbios 23.21).

"Vou dormir um pouco", você diz. "Vou cochilar um momento; vou cruzar os braços e descansar mais um pouco", mas a pobreza lhe sobrevirá como um assaltante, e a sua miséria como um homem armado" (Provérbios 24.33,34). "Saborosa é a comida que se obtém com mentiras, mas depois dá areia na boca. [...] A herança que se obtém com ganância no princípio no final não será abençoada" (Provérbios 20.17,21).

Segundo a Bíblia, certos pecados arrastam consigo a pobreza como punição. Da mesma forma que Deus nos dá mais do que damos em dízimos e ofertas quando praticamos o bem, ele nos tira mais do que ganhamos quando praticamos o mal. Aqueles que praticam o mal, diz a Bíblia, "semeiam ventos e colhem tempestades" (Oseias 8.7).

Um dentre os obstáculos que impedem a prosperidade das pessoas que contribuem com dízimos e ofertas é, em geral, o mesmo que as impede de receber outras bênçãos de Deus: falta de fé, pois não creem que Deus fará o que promete. É por isso que aquilo que *você afirma* se torna tão importante. Afirmar que Deus cumprirá o que promete opera alguma coisa em seu espírito. Diga em voz alta: "Meu Deus suprirá todas as minhas necessidades; ele disse que eu o colocasse à prova, e eu obedeci; estou aguardando receber de volta o que dei multiplicado". Se você afirmar prosperidade depois que fizer a sua parte de acordo com os princípios divinos da contribuição, então terá prosperidade.

Por que a Palavra de Deus abençoa algumas pessoas e não abençoa outras? A Bíblia diz que, quando as pessoas ouvem a palavra de Deus e não creem nela, "a mensagem que eles ouviram de nada lhes valeu, pois não foi acompanhada de fé por aqueles que a ouviram" (Hebreus 4.2).

Eu também tenho pecado por não mesclar a Palavra de Deus com a fé.

Antes de uma de minhas cruzadas pelas Índias Ocidentais, próximo à data da partida eu disse à minha esposa: — Querida, a nossa campanha nas Índias Ocidentais está marcada para breve, mas ainda não temos nem 1 dólar guardado para a viagem. Jesus disse que deveríamos planejar antes de construir uma casa. Talvez seja melhor desistir da viagem, pois temos pouco tempo para levantar a quantia necessária para as despesas.

Minha esposa, porém, sempre teve uma fé inabalável e acreditava que Deus opera maravilhas se tivermos uma atitude positiva de fé. Ela respondeu da seguinte maneira ao meu pensamento negativo:

— Bem, Don, você sabe que foi Deus quem colocou esse campo missionário em nosso coração. Não podemos cancelar a viagem porque não fomos nós que escolhemos a missão. É um chamado do Senhor, e ele proverá!

Eu comecei a recitar Filipenses 4.19: "O meu Deus suprirá todas as necessidades de vocês, de acordo com as suas gloriosas riquezas em Cristo Jesus". A partir daquele momento, todos os dias, enquanto eu me deslocava de um lugar para outro, confessei estas palavras com ousadia, repetindo-as inúmeras vezes: "O meu Deus suprirá todas as minhas necessidades!". Como essas palavras libertaram meu espírito, fortaleceram minha fé e mudaram minha atitude! Repetir essa passagem para mim mesmo, crer e falar com Deus, operou o milagre que eu precisava.

Em duas campanhas anteriores nas Índias Ocidentais precisamos abreviar a viagem por falta de dinheiro. Nessa viagem, porém, cumprimos todo o programa porque Deus supriu cada uma das nossas necessidades. Qual foi a diferença dessa vez? Creio firmemente que foi o fato de nos apegarmos tenazmente à Palavra de Deus, e ele, ouvindo *nossas* palavras, sentiu-se obrigado a cumpri-la.

Minha esposa é uma constante fonte de inspiração para mim quanto a confiar que Deus há de suprir as nossas necessidades. Em 1961, enquanto eu me dedicava a uma cruzada, minha família morava em Victoria, na Colúmbia Britânica. Embora a campanha estivesse sendo muito abençoada pelo Senhor, as ofertas de amor para sustento do meu ministério eram poucas e insuficientes. Esse fato criou um sério problema financeiro para nós, pois precisávamos de mais dinheiro para pagar as contas e para o nosso sustento.

Certo final de semana, fui a Victoria para ver minha família rapidamente e, depois, retornar à campanha. Havia pouco dinheiro para deixar com minha esposa, e comecei a me sentir frustrado. Passamos a noite falando com Deus. Finalmente, Joyce orou:

— Pai querido, supridor de todas as nossas necessidades, tu sabes que temos um grande problema. Temos pouco dinheiro. Na realidade, não sei como aguentaremos *esta semana*. Talvez tu não queiras que Don continue nesta campanha. Se for assim, compreenderemos. Temos certeza de que, sejam quais forem os teus motivos, serão bons. Agora, se tu não resolveres o nosso problema financeiro, entregaremos este ministério a uma outra pessoa. Queremos fazer o que tu quiseres.

Joyce, como Moisés, falou diretamente do seu coração para o Senhor. E estou totalmente convencido, como se confirmou depois, que nosso Pai celestial agradou-se de sua filha falar com ele com tanta liberdade e sem nenhum acanhamento. A oração dela e a promessa de Deus fizeram a diferença.

Aquela oração mudou a maré a nosso favor, tanto espiritual como financeiramente. Nunca mais fomos assolados pela pobreza, quer na fé, quer nas finanças.

Mais sobre dinheiro | 71

Certo dia, enquanto aguardava o embarque no aeroporto de Tortola, comecei a conversar com um homem que era vendedor. De início conversamos sobre banalidades, mas, a certa altura, descobrimos que tínhamos muita coisa em comum: nós dois éramos cristãos. Finalmente, ele disse que gostaria de me contar uma história completamente inexplicável pelos padrões comuns.

— Não acredito muito em sonhos — ele observou —, mas há alguns anos ocorreu um fato comigo que até hoje considero um mistério. Por muitos anos, trabalhei para uma grande firma atacadista de St. Louis, no Missouri. Em um de meus itinerários, eu costumava encontrar um velho amigo conhecido como irmão Benton. Toda a cidade o chamava assim. Na maioria das viagens, ele comprava alguma mercadoria, mas quer comprasse, quer não, eu me sentia melhor depois de visitá-lo. Ele estava sempre alegre, e sua conversa era muito agradável. Eu visitava os clientes só duas vezes por ano e aguardava com ansiedade as datas em que poderia vê-lo.

Numa dessas visitas, ele fez um pedido muito maior do que costumava fazer e, sem hesitar, recomendei à empresa que atendesse ao pedido. Eu sabia que ele era um cristão sincero, amado e respeitado por todos os habitantes da cidade. Ele não vendia bebidas alcoólicas ou cigarros e dizia sempre que sua Bíblia condenava as duas coisas, portanto não queria se envolver com elas. Nenhuma conversa ou propostas de grandes descontos dos fabricantes de cigarros e de bebidas poderiam induzi-lo a se desviar dessa norma.

Cerca de seis meses depois de feito o grande pedido, o escritório central notificou-me que a conta não fora paga e que eu deveria visitá-lo o mais breve possível para cobrá-lo. Percorri rapidamente a minha região e fui pessoalmente tratar do assunto. Quando cheguei ao armazém, ele não estava lá.

72 | Há poder em suas palavras

Havia outra pessoa em seu lugar. Eu soube que logo depois de colocado o pedido ele caíra doente e que tanto ele como a família contraíram enfermidades em períodos alternados de tempo. Sua enfermidade havia se estendido por diversos meses, e ele ainda se encontrava confinado à sua casa. Eu não o vi, mas ele me enviou um recado dizendo que tudo acabaria se resolvendo.

Ele tivera mais prejuízos do que imaginara; mais seis meses se passaram, e a conta não fora paga. Eu escrevi ao escritório central e contei a situação. Naquela ocasião, todas as medidas legais contra ele foram suspensas. Outros seis meses se passaram, e fui informando de que devia ir imediatamente cobrá-lo, caso contrário ele seria processado. Não tive escolha, mas confesso que me ocorreram alguns pensamentos rebeldes.

Na noite anterior à minha chegada à cidade, não consegui dormir. Passei horas angustiado, rolando na cama, tentando encontrar um jeito de não pressionar meu amigo. Eu sabia que estava lidando com um bom homem envolvido numa situação aflitiva sem que tivesse culpa.

Enquanto me virava na cama de um lado para o outro, devo ter adormecido. Sonhei que fui visitar meu velho amigo e que nos sentamos na sala de estar da casa onde toda a sua família se reunira. Ele se voltou para mim e disse:

— Vamos começar nosso culto devocional matutino e gostaríamos que você participasse.

— Com todo o prazer — respondi.

Ele prosseguiu:

— Vamos ler o salmo 23.

Ele iniciou a leitura, e fiquei atônito diante das palavras que ouvi! Eu havia aprendido esse salmo há muito tempo na escola dominical e jamais me esquecerei de que "O Senhor é o meu pastor".

Meu coração regozijou-se ao ouvir as palavras lidas por ele: "O Senhor é o meu banqueiro, nada me faltará. Ele me faz repousar em minas de ouro; ele me dá a combinação do seu cofre-forte. Ele restaura o meu crédito; ele me mostra como evitar os processos legais por amor do seu nome. Sim, ainda que eu ande pelas sombras das dívidas, não temerei mal algum, porque tu estás comigo; a tua prata e o teu ouro me resgatam. Preparas um caminho para mim na presença dos meus cobradores; enches os meus barris com óleo; minhas medidas transbordam. Certamente a bondade e a misericórdia me seguirão todos os dias da minha vida, e eu negociarei em nome do Senhor". Ao concluir a leitura, ele se ajoelhou e orou. Eu jamais havia escutado uma oração como aquela. Quase perdi o fôlego quando ele pediu ao Pai celestial que me abençoasse.

Acordei de repente, com um "amém"!

Eu havia planejado visitá-lo em casa logo pela manhã. Levantei-me, vesti-me e cheguei à casa dele ao nascer do sol.

Ele me recebeu com um sorriso e um caloroso aperto de mão e disse:

— Venha, entre. Vamos fazer nossas orações matinais e gostaríamos que você nos acompanhasse. Fui apresentado à sua esposa e aos filhos. Em seguida, ele pegou a Bíblia e falou: — Vou ler o salmo 23. — Leu-o com voz clara e forte, mas exatamente como estava escrito na Bíblia. Não consigo expressar os sentimentos e pensamentos que me ocorreram enquanto ele lia. Ajoelhamo-nos para orar, e ele humildemente expôs seus desejos a Deus; mas a oração não era nada parecida com a que eu ouvira no sonho, embora abrangesse os mesmos tópicos. Ele falou ao Senhor que devia algum dinheiro e que a dívida já estava vencida; pediu que se lhe abrisse uma porta para poder pagá-la naquele mesmo dia. Depois, orou por mim.

Enquanto me encontrava ali de joelhos, resolvi que uma vez em vida eu desobedeceria às ordens recebidas!

Depois das orações, fomos diretamente para o armazém. No exato momento em que entrávamos, um rapaz chegou correndo e disse:

— Irmão Benton, papai mandou dizer que vai ficar com a casa e com o terreno, que está interessado em comprar do senhor aquela sobre a qual vocês conversaram ontem. Ele pediu para eu lhe entregar esse dinheiro e disse que pode pagar o saldo quando o senhor quiser.

O velho pegou o dinheiro. Lágrimas começaram a correr-lhe pelo rosto. Ele fez um recibo e entregou ao jovem. Depois, debruçou-se sobre o livro de contabilidade e pôs-se a fazer anotações. Voltou-se, então, para mim e perguntou: — Você poderia me dar recibo? — Eu notei que ele havia acrescentado os juros de todos aqueles meses em que não fora capaz de pagar. Quando eu disse que fora instruído a ignorar os juros, ele não aceitou a oferta. Disse que desejava pagar toda a dívida e que se sentia grato pelo tempo extra que a firma lhe concedera. Peguei o dinheiro e o enviei para a sede da empresa, em St. Louis.

Na mesma hora em que eu estivera rolando na cama, de madrugada, meu velho amigo estivera de joelhos em seu quarto, rogando ao seu banqueiro que lhe concedesse um empréstimo. Eu fiquei muito contente por ele haver conseguido e, desde então, quando me sinto desanimado, uso o salmo 23 como remédio.

Quando tudo vai bem, é fácil chamar o Senhor de nosso pastor e prometer segui-lo todos os dias de nossa vida. Há momentos, porém, em que todos nós andamos pelo vale. *Então*, é Deus que nos avalia. O desejo dele é que continuemos a confessar, com fé: "O meu Deus suprirá todas as minhas necessidades".

Mais sobre dinheiro | 75

A fé do irmão Benton estava centrada firmemente em Deus, o que foi confirmado por suas palavras. Deus o honrou suprindo suas necessidades.

DEUS DÁ RIQUEZA E SAÚDE

Talvez algumas pessoas achem difícil aceitar esse "poema do poder". Possuir riquezas costuma ser considerado pouco espiritual, e até mesmo o dom da saúde concedido por Deus é considerado difícil de obter.

A palavra "riqueza" significa recursos, competência para cumprir nossas obrigações. Deus não prometeu que iria nos tornar milionários, mas ele provê a todas as nossas necessidades (Filipenses 4.19) e nos assegura prosperidade e sucesso se vivermos segundo a sua Palavra (Josué 1.8).

Deleite-se na Palavra de Deus, medite nela e, segundo a Palavra dele, tudo o que você fizer prosperará (Salmos 1.1-3).

Disse Jesus: "Busquem, pois, em primeiro lugar o Reino de Deus e a sua justiça, e todas essas coisas serão acrescentadas a vocês" (Mateus 6.33). Jesus falava aqui sobre nossas necessidades materiais (alimento, roupa, teto). Jesus *não* disse que, se buscarmos primeiro o Reino de Deus todas essas coisas nos serão *tiradas*. Não, ele disse que todas essas coisas — nossas provisões materiais — *nos serão acrescentadas*.

A Bíblia diz: "Deus, [...] é ele que dá a vocês a capacidade de produzir riqueza" (Deuteronômio 8.18). E é ocupação de Satanás nos empobrecer para arruinar nossa capacidade cristã de pagar as contas. Satanás tenta provocar constrangimentos financeiros em nossa vida. Concorde com Deus; discorde do Diabo!

Deus diz: "Amado, oro para que você tenha boa saúde e tudo corra bem, assim como vai bem a sua alma" (3João 2). Este é o "grande desejo" de Deus em relação a nós, seus filhos: que prosperemos e tenhamos saúde, *assim como prospera a nossa alma*! Como prospera a nossa alma? 1) Por meio da oração orientada pelo Espírito e de uma vida de louvor; 2) pelo estudo da Palavra de Deus e a confissão ousada das Escrituras; 3) pelo testemunho e pela pregação do evangelho aos outros.

Quando tantos filhos de Deus são afligidos e assolados pela pobreza e a obra de Deus está paralisada por causa de problemas financeiros, é hora de confessar os textos citados para recebermos a bênção dos dons divinos de riqueza e saúde.

Repita diariamente e com ousadia: DEUS ME DÁ RIQUEZA E SAÚDE!

Capítulo 9

COMO EXPULSAR MAUS ESPÍRITOS

Eram 3 horas da manhã — disse Earl Britain. — Virei-me na cama e estendi a mão para tocar em minha esposa. Ela não estava lá! — Com essas palavras, meu amigo começou a contar como ficou conhecendo o poder que tinha contra o Diabo.

— Pensei que ela tivesse se levantado por causa de alguma necessidade — continuou. — Estava preocupado com ela, pois agia de forma estranha há semanas. Rapidamente sai à sua procura pelos outros quartos de dormir e no banheiro. Então, corri ao pódio para ver se tinha descido por algum motivo. Mas ela não se encontrava em lugar nenhum da casa!

— Meu coração parou. Ela estivera doente e, nos meses passados, parecia estar mentalmente perturbada. Literalmente, estava fugindo da vida. Embora eu orasse muito, ela piorava rapidamente. Nada que eu dissesse ou fizesse parecia ter qualquer efeito sobre ela.

— Corri depressa para o quarto e rapidamente me vesti e calcei os sapatos. Agarrei um casaco e dirigi-me para a porta da frente. Durante todo o tempo, não parei de pedir:

78 | Há poder em suas palavras

— Por favor, meu Deus, que ela esteja bem; por favor, não deixe que se machuque!

— Quando abri a porta para sair, lá estava ela, molhada, olhos arregalados e o cabelo escorrido pelo rosto. Estivera na chuva só de camisola e chinelos, que estavam agora empapados de lama.

— Quando estendi os braços para abraçá-la tentando não demonstrar a ansiedade que sentia, perguntei-lhe: — Onde você esteve? Fiquei tão preocupado!

— Fui dar um passeio no bosque; estava sem sono e achei que seria bom para mim — explicou.

— Nunca tinha feito nada tão perigoso antes. Pela expressão anormal em seus olhos e por causa de sua completa inconsciência da seriedade do que tinha feito, fiquei com medo que estivesse perto de um total esgotamento; parecia estar entrando em alguma espécie de colapso.

— Eu a abracei e a fiz voltar para o quarto. Fiquei com ela até que mudou de roupa e voltou para a cama. Quando percebi que tinha adormecido, levantei-me. Não podia dormir. Não podia sequer ficar sentado. Perguntas sem fim passavam correndo por minha cabeça: "O que vai acontecer com ela agora? O que ela vai fazer? Será que não há nenhuma resposta?".

— Eu tinha de fazer algo, mas o *quê*? Já tinha pedido a Deus que a ajudasse: — Cure-a, meu Deus, por favor, cure-a. Faça-o, Senhor; faça-o, em nome de Jesus. — Já tinha orado muitas e muitas vezes por sua recuperação.

— De repente me lembrei da passagem: "Eu dei a vocês autoridade para pisarem [...] sobre todo o poder do inimigo" (Lucas 10.19). Talvez Deus estivesse me dizendo para usar outro método neste caso. Talvez não tivesse exaurido meu próprio poder antes de lhe pedir que fizesse algo. Comecei a orar pedindo orientação.

— Enquanto andava de lá para cá naquelas horas matinais, procurando encontrar alguma palavra vinda de Deus, alguma arma para usar contra o Diabo, cuja traiçoeira astúcia eu agora tinha certeza de estar operando em minha esposa, as palavras de Jesus me vieram à mente: "pois o príncipe deste mundo está vindo. Ele não tem nenhum direito sobre mim" (João 14.30). Como um náufrago que se agarra a um salva-vidas que lhe foi jogado, agarrei-me àquelas palavras. Mudei de atitude. Dessa vez, minhas palavras já não eram mais um pedido. Não eram também palavras de louvor. Eram palavras dirigidas ao Diabo. Muitas e muitas vezes, declarei a Satanás: — Você não tem poder sobre ela. Você não tem nada com ela. Ela não lhe pertence. Ela pertence a Jesus Cristo; ele pagou um alto preço por ela. Você é um intruso.

— Enquanto andava de um lado para o outro, continuei repetindo isso em voz alta. Então me tornei mais corajoso. — Nem *comigo* você tem nada. Nós dois pertencemos a Jesus. Nossa vida e tudo quanto possuímos foram dedicados a ele. Você não tem poder sobre nenhum de nós. Você não tem poder sobre nada neste lar. Você não tem nada que fazer aqui dentro.

— Física, mental e espiritualmente, lutei durante uma hora, dizendo ao Diabo que minha esposa e eu éramos propriedade de Jesus Cristo, comprados por preço de sangue. Eu sentia a presença maligna de Satanás ali naquele quarto. Sabia que estava diante dele face a face. Mas percebi também que tinha o poder de Jesus para ordenar ao Inimigo que saísse. Eu tinha poder sobre todo o poder do Inimigo, e Jesus me dissera que "nada lhes fará dano" (Lucas 10.19).

— Finalmente, quando a certeza da vitória dada por Jesus filtrou-se através de toda a minha mente e o meu corpo, dirigi-me para a porta, abri-a e falando com o Diabo, exatamente

80 | Há poder em suas palavras

como se ele estivesse ali materializado, ordenei: — Em nome de Jesus, saia daqui!

— E ele saiu! Imediatamente. Eu senti sua presença saindo daquele quarto. Foi uma sensação definida. Exatamente como tinha acontecido antes, quando senti sua presença no meu espírito, sabia agora pelo espírito que com certeza tinha saído. Parecia que havia luz no quarto, o qual um pouco antes estivera opressivamente escuro.

— Fui para o quarto e deitei-me na cama. Minha esposa estava acordada por causa da minha voz, mas sorria, e havia tamanha luz em seus olhos como há muito eu não via! Hoje ela está tão sadia mentalmente como ficou no instante daquela manhã quando Jesus Cristo demonstrou-nos sua vitória sobre o Diabo.

Conforme meu amigo Earl Britain descobriu, as forças do Diabo estão aumentando, e coisas perigosamente estranhas estão acontecendo em cada setor do mundo. Nestes últimos dias, é importante ter em mente a promessa de Deus: "Pois ele virá como uma inundação impelida pelo sopro do Senhor" (Isaías 59.19). Devemos corajosamente enfrentar o fato de que Satanás está operando de maneira cada vez mais vil e poderosa nestes últimos dias, mas também devemos manter vivo em nossa mente o fato de que o Espírito de Deus é mais forte do que o Inimigo.

Como cristãos, não devemos nos preocupar com Satanás, ou ficar frustrados com suas táticas. Pelo contrário, temos o direito e o dever de desafiar o Diabo corajosamente em nome de Jesus. O Senhor prometeu: "Em meu nome expulsarão demônios" (Marcos 16.17). Temos o poder do nome de Jesus à nossa disposição.

Às vezes, Satanás tenta nos enganar fazendo-nos pensar que o pecado é agradável. Infelizmente, só é agradável no começo — antes de percebermos que fomos transformados em seus escravos. Na verdade, os demônios estão por trás das atividades ímpias e dos elementos destrutivos que vemos no mundo de hoje. Os demônios assaltam a mente e os sentidos dos homens com o desejo de usar bebidas, drogas e a delinquência; levam as pessoas a perderem o controle e a cometerem atos vergonhosos de imoralidade; os demônios destroem lares e casamentos; os demônios estão por trás do enorme aumento do sofrimento, da amargura, das dores, da violência e da confusão que nos rodeia.

Até mesmo cientistas, psiquiatras e médicos reconhecem que algum estranho poder sobrenatural anda solto nesta hora de crise. Especialmente nós, os cristãos, não devemos ignorar as artimanhas de Satanás. Ele as usa para distorcer e emaranhar a mente das pessoas, para saturar vidas com sujeira e podridão e para arrastar as almas humanas para uma eternidade sem Cristo, "onde haverá choro e ranger de dentes" (Mateus 13.42).

Temos de reconhecer que nosso inimigo é feio e mau — a razão da tristeza e sofrimento que há no mundo. Então, poderemos agir com ousadia contra o Diabo e seus demônios usando as armas próprias: a Palavra de Deus, o nome de Jesus, o sangue de Cristo. O Diabo é o nosso adversário — ele é o ladrão que veio para roubar, matar e destruir. A Bíblia diz que o Diabo é nosso inimigo. Devemos tratá-lo como tal.

Entretanto, pouco é mencionado o fato de que grande parte do ministério de Jesus — cerca de um quarto dele — foi usada expulsando demônios. Pode-se, às vezes, pensar, quando ouvimos a maioria dos sermões, que os demônios deixaram de existir, ou que foram arrebanhados para as favelas da cidade, ou que estejam passando o tempo enganando os membros de alguma outra denominação.

Não posso conceber que um trabalho próspero possa ser feito hoje, ou que cristãos possam obter vitórias contínuas, se não souberem que a fonte do perigo que enfrentam jaz no poder demoníaco e que o poder de vencê-lo está no nome de Jesus de Nazaré, o Filho de Deus.

Quanto mais depressa reconhecermos que o próprio ar à nossa volta está cheio de forças hostis que tentam destruir nossa comunhão com o Pai e privar-nos de sermos úteis em seu trabalho, melhor será para nós. Ignorar a existência dos demônios só concede ao Adversário uma vantagem maior sobre nós.

Em minhas viagens evangelísticas, descobri que as pessoas estão famintas pelo Senhor, querem libertação, anseiam a vida eterna, mas são incapazes, muitas delas, de se livrarem dos laços que as prendem ao pecado.

Centenas de pessoas têm indicado o desejo sincero de serem salvas. Dizem: — Não posso me tornar cristão. Quero, mas há algo que me prende. — Encontrei-me com um jovem em Lodi, na Califórnia, que enfrentava esse dilema. Ele queria a salvação, mas um poder invisível o prendia. Simplesmente coloquei minha mão sobre o ombro dele e disse: — Em nome de Jesus Cristo, ordeno ao poder que o prende que se desfaça. Agora vamos orar em seu poderoso nome. — Com lágrimas de alegria nos olhos, ele obedeceu.

Depois que aquele homem foi salvo, fiquei espantado com o efeito. Um sentimento de reverência tomou conta de mim por ter sido capaz de exercer, mediante uma simples ordem em nome de Jesus, esse maravilhoso poder, e desde então tenho visto muitos resultados espantosos nos cultos de reavivamento por meio do uso do seu nome.

"Em meu nome expulsarão demônios." Em nome de Jesus, temos destruído o poder dos demônios sobre reuniões, lares e, às vezes, sobre comunidades inteiras.

Como cristãos, nosso combate não é contra a carne e o sangue, mas contra os principados e potestades nos lugares celestiais; nossa guerra é contra os demônios de todas as categorias, tipos e autoridades, que estão atacando a humanidade em todos os lugares, e especialmente desafiando os filhos de Deus.

Tenho orado com homens que eram presos por diversos vícios — fumo, álcool, concupiscência — e no poderoso nome de Jesus tenho visto a libertação deles, quase sempre instantaneamente.

Conheci muitos cristãos que não eram capazes de dar testemunho com liberdade nas reuniões públicas, que sentiam sua boca fechada enquanto o coração gritava por liberdade. Usei o nome de Jesus para ordenar que o poder dos demônios fosse desfeito, os testemunhos fossem restaurados, e o poder na oração fosse concedido. Que satisfação as pessoas recebem por intermédio do livramento em nome de Jesus Cristo!

Três coisas são necessárias para haver libertação e vitória sobre os demônios.

Primeiro, temos de ser filhos de Deus.

Segundo, não podemos ter nenhum pecado não confessado ou não perdoado em nosso coração, pois, se isso acontecer, os demônios vão rir de nossas orações.

Terceiro, devemos conhecer o poder do nome de Jesus e saber como usá-lo. Leia a livro de Atos cuidadosamente e observe como os discípulos usaram o nome dele.

Se a sua própria vida tem sido uma derrota e está tolhida pelo poder do Adversário, levante-se no nome todo-poderoso de Jesus: ordene ao Inimigo que recue; tome posse de sua libertação; vá e liberte os outros!

Jamais orei por doentes ou expulsei demônios, em meu ministério, em qualquer grau, até que recebi a revelação da autoridade do nome de Jesus.

Há poder em suas palavras

Quando aprendemos a usar o nome de Jesus de acordo com a Palavra, no poder do Espírito, temos o segredo que abalou o mundo por meio dos apóstolos.

Em 2Tessalonicenses 1.12, Paulo ora: "o nome de nosso Senhor Jesus será glorificado em vocês, e vocês nele". De que maneira o nome do Senhor poderia ser mais glorificado em nós do que quando o utilizamos como o fez a igreja primitiva?

COMO EXPULSAR MAUS ESPÍRITOS

1. Conheça o seu inimigo. "Pois não ignoramos as suas intenções" (2Coríntios 2.11). Aprenda pelo Espírito a discernir a presença e obra dos maus espíritos (1Coríntios 12.10).

2. Conheça os seus direitos. Você é um vencedor sobre toda a obra de Satanás por causa do sangue de Jesus, da Palavra e do seu testemunho (Apocalipse 12.11). Cristo lhe concedeu poder e autoridade sobre todo o poder do Diabo (Lucas 10.19). Tenha a coragem de usá-lo.

3. A base de sua vitória certa é que Jesus derrotou Satanás, despiu-o de sua autoridade e ressuscitou como Vencedor eterno! Com "Cristo em você", conte certamente com este fato inabalável: "aquele que está em vocês é maior do que aquele que está no mundo" (1João 4.4). Que esse seja o seu testemunho pessoal diário!

4. Cite corajosamente a Palavra de Deus contra Satanás, como Jesus fez (Mateus 4). A Palavra é a arma número um (2Coríntios 10.4); quando o Inimigo vem como uma corrente, o Espírito do Senhor levanta uma bandeira — a Palavra — contra ele (Isaías 59.19). Cite a Palavra com frequência para arrasar o Inimigo!

5. Perto de você há prisioneiros que devem ser libertos de todo laço de Satanás (Lucas 13.16). No nome poderoso de Jesus, você pode ser instrumento de Deus para libertá-los de todo tipo de mau espírito.

6. Jesus disse: "Em meu nome expulsarão demônios" (Marcos 16.17). Diga: — Em nome de Jesus, ordeno-lhes, maus espíritos, que saiam. — Permaneça firme e destemidamente, sem vacilar! Os espíritos maus sabem que têm de se submeter ao nome de Jesus! (Leia Filipenses 2.9-11.)

7. Recuse-se a armazenar "o lixo" de Satanás, onde os maus espíritos produzem doenças mentais, desordens nervosas, espírito de melancolia, opressão e depressão, enfermidades e afecções físicas, escravidão espiritual. "Resistam ao Diabo, e ele fugirá de vocês" (Tiago 4.7).

8. Invoque o poder do sangue de Jesus. Viva sob o sangue, andando na luz. "Se, porém, andarmos na luz, como ele está na luz, temos comunhão uns com os outros, e o sangue de Jesus, seu Filho, nos purifica de todo pecado" (1João 1.7).

Cite ousadamente a Palavra de Deus contra Satanás. Todos nós estamos numa guerra real (Efésios 6.12-16).

Expulsar maus espíritos é agir no "reino espiritual" invisível onde você se apoia na unção do Espírito como Jesus fez. Leia Lucas 4.18,19 e Atos 10.38.

Vista toda a armadura de Deus. Tenha ousadia contra os maus espíritos em nome de Jesus. Você é "mais que [vencedor], por meio daquele que nos amou" (Romanos 8.37). A vitória é certa por meio de Jesus!

Capítulo 10

O QUE HÁ EM UM NOME?

"Em nome de Jesus eu o repreendo, espírito de enfermidade, e ordeno-lhe que saia deste corpo." Essas foram as inesquecíveis palavras de William W. Freeman, quando socorreu minha mãe em maio de 1948. Minha mãe deixou a plataforma com molas nos pés; eu estava tão nervoso que deixei meu lugar para encontrá-la a meio caminho entre os bancos.

— Como se sente, mamãe? — perguntei ansiosamente.

— Perfeitamente bem — respondeu minha mãe com lágrimas descendo pelo rosto. — Simplesmente senti uma sensação de calor através de minhas costas; eu sei que o Senhor me curou!

Aquele milagre que minha mãe recebeu foi realmente eletrificante. Despertou a fé das pessoas na reunião. E para mim, pessoalmente, foi a maneira de Deus atender à nossa oração pela salvação de minha família. Quando testemunharam a transformação que ela recebera em seu corpo, minha família alegremente aceitou Jesus como Salvador pessoal. Esse não foi o primeiro milagre em nome de Jesus que eu presenciei. Um pouco antes daquela noite, eu fora com alguns amigos visitar o Templo Wings of Healing (Asas da Cura) do dr. Thomas

Wyatt, em Portland, no Oregon, onde o evangelista Freeman estava pregando. Na época, eu era um jovem ministro batista. Ali vi pela primeira vez o poder do nome de Jesus. Quando o irmão Freeman ordenou às enfermidades e aflições que deixassem o corpo das pessoas, vi a evidência do enorme poder que há no nome de Jesus.

Em Atos 3.16, Pedro explica a cura do aleijado junto à porta Formosa. "Pela fé no nome de Jesus, o Nome que curou este homem que vocês veem e conhecem. A fé que vem por meio dele lhe deu esta saúde perfeita, como todos podem ver."

O nome de Jesus operou um milagre para o coxo, e é a fé nesse nome que produz resultados sobrenaturais quando o usamos ainda hoje.

Um ano depois, em 1949, o irmão Freeman convidou-me para viajar com ele em suas gigantescas campanhas que estavam despertando as cidades para Cristo. O irmão Freeman não tinha medo de usar o nome de Jesus para todo tipo de casos. O culto geralmente tinha esta ordem:

Ele pregava o evangelho com rica unção. Era estritamente uma mensagem de salvação para ganhar os perdidos. Sempre enfatizava a importância da salvação da alma, antes mesmo da cura do corpo. "As coisas mais importantes em primeiro lugar", ele insistia quando usado pelo Espírito Santo para influenciar centenas a receber o Salvador pela fé.

Depois, pedia que viessem à frente aqueles que fossem totalmente surdos de um ou dois ouvidos, cegos de um ou dos dois olhos, que não tivessem o sentido do olfato ou paladar; também aqueles que sofriam de câncer, tuberculose, bócio, tumores ou hérnias. Geralmente cerca de 200 pessoas atendiam a esse convite.

Então, o irmão Freeman e eu caminhávamos entre aquelas pessoas. Pelo dom do Espírito, ele percebia quem estava

88 | Há poder em suas palavras

"pronto" para receber o seu milagre. Então, mandava que aquelas pessoas subissem na plataforma. Mais tarde, aprendi a exercer esse mesmo dom do Espírito de "reconhecer" quem estava pronto e quem devia esperar um pouco.

Na plataforma, o irmão Freeman começava — geralmente com alguém que fosse totalmente surdo em um dos ouvidos.

Literalmente, centenas de vezes ouvi e o observei dizendo estas palavras: — Em nome de Jesus, tenho autoridade e domínio sobre vocês, espíritos de surdez. Em nome de Jesus, ordeno-lhes, espíritos de surdez, que saiam deste ouvido. Agora, ordeno-lhe que receba sua audição e seja curado!

Os resultados eram indiscutíveis. Pessoa após pessoa, quando examinada, demonstrava que, mesmo tendo sido surdo daquele ouvido, podia agora ouvir perfeitamente e era fortalecida pela fé no poderoso nome de Jesus.

O mesmo acontecia com outros tipos de doenças: falta de visão, hérnias, tumores e bócios desapareciam pelo poder do nome de Jesus enunciado pelo servo de Deus.

Testemunhei curas e milagres de todos os tipos nos meses em que viajei com o irmão Freeman em 1949. Então, Joyce e eu nos casamos em 1950. Depois de nossa lua de mel, fomos com o irmão Freeman para Los Angeles, onde ele usou a mesma grande tenda usada por Billy Graham no ano anterior para sua campanha histórica. Demos Shakarian, que mais tarde tornou-se presidente da Full Gospel Businessmen International (Associação de Homens de Negócios do Evangelho Pleno), foi presidente da Campanha de William Freeman em Los Angeles.

Havia 7 mil cadeiras sob a tenda. Todas as noites, durante cinco sólidas semanas, aquelas cadeiras estiveram ocupadas, geralmente com milhares de pessoas em pé do lado de fora.

Novamente, vi o poder do nome de Jesus em operação, enquanto tremendos milagres eram realizados.

Estava plenamente convencido de que havia poder no nome de Jesus para realizar milagres admiráveis. Mas sempre pensei que o uso daquele nome com tal eficácia se limitava a um homem como o irmão Freeman, porque ele vira um anjo e ouvira a voz de Deus orientando-o para o ministério da cura. Eu amava o nome de Jesus, admirava a autoridade investida naquele nome, orava ao Pai em seu nome, mas não tinha a mesma confiança ou fé no nome de Jesus que o irmão Freeman tinha.

Em abril de 1951, fui convidado para dirigir uma campanha numa igreja. Senti a fome de uma visitação do poder divino, mas parecia que me estava sendo negada. Certa manhã, acordei e disse à minha esposa que ia à igreja para "orar até que Deus me visitasse".

Fiquei de joelhos por duas horas em sincera oração. Enquanto permanecia ali quebrantado diante de Deus por meio do seu Espírito, levantei-me e sentei-me no estrado onde estivera ajoelhado. Francamente, sentia-me bastante desapontado por Deus não me haver "visitado" como eu ansiava.

Então, abri minha Bíblia em Filipenses, capítulo 2, e comecei a ler. Quando li os versículos 9 a 11, meu coração foi iluminado por esta passagem: "Por isso Deus o exaltou à mais alta posição e lhe deu o nome que está acima de todo nome, para que ao nome de Jesus se dobre todo joelho, nos céus, na terra e debaixo da terra, e toda língua confesse que Jesus Cristo é o Senhor, para a glória de Deus Pai".

Enquanto lia e relia essa passagem, o Espírito Santo ia derramando uma estonteante revelação diante de mim. Deus Pai exaltara de tal maneira o seu Filho Jesus que lhe dera o nome acima de qualquer nome no céu, na terra e no inferno!

"Todas as coisas" no céu, na terra e no inferno tinham de se curvar diante do nome de Jesus!

Comecei a pensar nos grandes nomes da história; grandes nomes da atualidade; grandes nomes que representaram riqueza, posição e fama. Mas Deus decretara que o nome de Jesus era superior a todos aqueles nomes! Aleluia! Eu mal podia assimilar o que me fora revelado. Embora "a visitação de Deus" não tenha vindo a mim naquela manhã com o aparecimento de um anjo, ou a voz audível de Deus, realmente tinha me visitado com sua divina Palavra por meio da revelação do Espírito Santo. Eu jamais voltaria a ser o mesmo! "Se o nome de Jesus é superior a todos os homens ou coisas", eu raciocinava, "então posso subjugar doenças, demônios, dificuldades no poder desse nome!".

Mal podia esperar pela próxima oportunidade de exercitar a nova fé que tinha para poder enunciar o nome de Jesus com fé total, exatamente como vira o irmão Freeman fazer milhares de vezes.

Não precisei esperar muito tempo pela oportunidade de enunciar o nome de Jesus contra um terrível destruidor. Recebi um telefonema de uma senhora chamada vovó Davis.

— Irmão Gossett, estou telefonando porque sei que trabalhou com o irmão Freeman — ela começou. — Meu neto foi desenganado com tumores cerebrais, e seus pais vão trazê-lo à minha casa no domingo à tarde.

Vovó Davis continuou explicando: — Achei simplesmente que, tendo visto centenas de pessoas curadas pela oração do irmão Freeman, poderia chamá-lo para vir e orar por meu neto. — Tumores no cérebro! Desenganado! Aquelas "coisas" encaixavam-se na categoria sobre o que Deus nos concede poder em nome de Jesus. Mal pude esperar para declarar aquele nome contra os tumores cerebrais.

O que há em um nome? | 91

Quando Joyce e eu entramos na casa dos Davis naquele domingo à tarde, encontramos decididamente uma "atmosfera fúnebre". O neto de 9 anos de idade estava desenganado; os membros da família estavam reunidos para ver o menino vivo possivelmente pela última vez; esperava-se a morte a qualquer hora.

Esse ambiente sinistro não perturbou minha confiança no nome de Jesus em meus lábios. Prontamente, coloquei minhas mãos sobre o garoto e falei com toda a autoridade: — Em nome de Jesus, eu repreendo esses tumores cerebrais. A vocês, imundos espíritos de aflição, ordeno em nome de Jesus que soltem suas garras de morte que prendem este garoto e saiam em nome de Jesus.

Louvado seja o Senhor! Embora não houvesse evidência visível de qualquer milagre, sentia-me convencido de que um milagre fora operado. Saí daquela casa sabendo que fora envolvido num conflito entre a vida e a morte, mas sentia paz no coração. Sabia que o poder do nome de Jesus podia até mesmo eliminar tumores cerebrais mortais.

Pouco tempo depois os pais levaram o menino de volta ao hospital onde novos exames foram feitos. Para espanto dos especialistas, não encontraram nenhum sinal de tumores cerebrais. O nome de Jesus tinha triunfado!

Pela fé no nome de Jesus, eu fui fortalecido.

Muitos anos mais tarde, encontrei-me com o tio do menino. Veio à minha cruzada para testemunhar publicamente a respeito daquele milagre. Contou-nos que o rapaz condenado a morrer aos 9 anos de idade estava agora casado e tinha família.

Tornei a me juntar ao irmão Freeman nas suas cruzadas da grande tenda em Fresno e Modesto, onde dezenas de igrejas se uniram para evangelização. Duas vezes por dia me ocupei dirigindo programas de rádio em conexão com as cruzadas nas estações de rádio de Lodi e Modesto.

Dirigindo pela rodovia, eu me aquecia nas bênçãos recebidas pelo poder do nome de Jesus. Podia cantar durante horas louvando o nome de Jesus com hinos e corinhos.

"Jesus, oh! que nome tão doce!

Jesus, todos os dias o mesmo!

Jesus, que toda a terra proclame

Que é digno de louvor eternamente!"

Certa manhã, depois do meu programa de rádio na KCVR, estação de Lodi, entrei na rodovia e vi um jovem pedindo carona. Senti que devia lhe oferecer carona.

— A onde você vai? — perguntei.

— Cerca de 16 quilômetros pela estrada abaixo — respondeu.

Eu sabia que chegaríamos lá dentro de mais ou menos 15 minutos, por isso comecei a lhe falar de Jesus.

Imediatamente, ele respondeu: — Moço, que bom você me falar de religião. Sempre desejei ser cristão.

Fiquei feliz. Geralmente encontrava oposição ou indiferença quando falava de Jesus aos outros. Ele continuou explicando: — Quando criança frequentei a escola dominical de uma igreja batista. Foi ali que ouvi falar sobre salvação. Sempre quis ser salvo, mas não sei por que isso não aconteceu.

Sinceramente ele cria que estava predestinado a ficar perdido para sempre. De algum modo, ouvira falsas doutrinas que diziam que um indivíduo fora predestinado a ser salvo, mas outro, a ficar perdido.

Cuidadosamente tentei apresentar-lhe os fatos bíblicos de que aquele que crer pode ser salvo. Mas minhas palavras não foram convincentes. Ele fora enganado e cria que estava condenado a ficar eternamente separado de Deus porque assim fora predestinado muito tempo antes de ele nascer.

Finalmente, chegamos ao seu destino. Parei meu carro no acostamento e lhe falei:

— Não foi por acaso ou acidente que eu o apanhei hoje de manhã. O Senhor o ama e deseja salvá-lo. — Eu citei para ele diversos versículos bíblicos que comprovam o amor de Deus por ele e o desafiei, ali mesmo, dentro do carro, pela fé, a abrir a sua vida e deixar Cristo entrar.

O homem agarrou-se à maçaneta da porta. — Não, obrigado, eu gostaria imensamente de ser salvo, mas simplesmente não posso. Obrigado, assim mesmo — disse sacudindo a cabeça tristemente.

Subitamente o Espírito Santo me mostrou a situação: ali estava um homem que desejava Jesus. O Senhor não recebe ninguém contra a sua vontade. Cada indivíduo é um agente moral livre para aceitar ou rejeitar Jesus Cristo. Aquele homem ansiava pela vida eterna.

Fiquei perplexo quando o Espírito me revelou que era a obra desprezível do Diabo, que cega a mente e os olhos para a verdade. Antes que ele abrisse a porta para sair, ouvi-me dizendo estas palavras ungidas pelo Espírito: — Diabo, em nome de Jesus, tire as mãos de cima deste homem. Ele deseja a salvação de Jesus Cristo, e você o tem enganado há muito tempo.

Mal eu proferi essa ordem e o homem voltou-se para mim, com lágrimas nos olhos. — Estou pronto para orar — disse ansiosamente.

Assim fizemos. Eu o levei a Jesus Cristo, Salvador e Senhor pessoal de sua vida. Ele foi tomado de felicidade. A presença de Deus esteve muito perto daquela reunião de oração à beira da estrada!

94 | Há poder em suas palavras

Conversando mais um pouco com esse jovem, dei-lhe instruções bíblicas sobre o que tinha acontecido em sua vida e me despedi dele.

Quando me afastei com o carro, fiquei perplexo ao perceber a autoridade que tinha exercido em nome de Jesus — autoridade que pôde libertar um jovem do controle satânico instantaneamente.

Mais tarde, passei a usar essa autoridade com grupos inteiros. Por exemplo, podia notar toda uma fila de pessoas que estavam sob a convicção do Espírito Santo, mas não reagiam ao apelo. Eu deixava a plataforma, ia para os corredores da igreja e as convidava a aceitar Cristo.

Então, eu dizia: — Em nome de Jesus, ordeno que o poder de Satanás seja desfeito em cada uma dessas vidas. Agora, no poderoso nome de Jesus, venham e aceitem o Salvador! — Louvado seja o Senhor, porque na maioria das vezes quase 100% das pessoas reagiam positivamente ao apelo. Tenho feito o mesmo em grandes auditórios de pessoas não salvas. Quando menciono o nome de Jesus, ordenando que o domínio satânico seja desfeito, os não salvos aceitam o novo nascimento.

Tenho testemunhado milhares de milagres de curas depois de mencionar o nome de Jesus. Primeiro, foram os cinco anos nos quais participei daquelas tremendas cruzadas com William W. Freeman. Mais tarde, vi milagres semelhantes quando escrevia para o evangelista Jack Coe. Em 1959 e 1960, fui editor de *Faith Digest* [Seleções da Fé], revista de T. L. Osborn. Testemunhei a mesma autoridade exercida em seu ministério, que resultou no despertamento do país.

Em meu próprio ministério, tenho levado a cura a centenas de pessoas que eram totalmente surdas de um ou dos dois ouvidos, mencionando o nome de Jesus. Tenho visto centenas de vítimas de artrite libertadas pelo poder desse nome.

Nas cruzadas do outro lado do mar, onde as massas se reuniam para ouvir o evangelho, geralmente eu fazia uma oração conjunta por todos os doentes. Depois que eu ousadamente citava o nome de Jesus, dezenas de pessoas davam testemunho de curas recebidas instantânea e maravilhosamente.

Não usamos o nome de Jesus como um amuleto ou talismã. Mencionamos o seu nome com inteligência, baseados nas explícitas instruções da Palavra de Deus.

O NOME DE JESUS

1. Uma vez que "Deus o exaltou à mais alta posição e lhe deu o nome que está acima de todo nome" (Filipenses 2.9), no céu, na terra e no inferno, com ousadia cito o seu nome para subjugar todos os outros nomes.

2. Uma vez que tudo quanto eu pedir em seu nome, isso o Senhor fará, a fim de que o Pai seja glorificado no Filho (João 14.13), confiantemente menciono o seu nome, para que o Pai possa ser glorificado.

3. Uma vez que se eu pedir alguma coisa em seu nome, ele fará (João 14.14), sei que *alguma coisa inclui* salvação, cura, suprimento de necessidades, libertação.

4. Uma vez que se eu pedir alguma coisa ao Pai, ele me concederá em seu nome (João 16.23), sempre oro ao meu Pai em nome do seu amado Filho.

5. Uma vez que ele disse: "Até agora vocês não pediram nada em meu nome. Peçam e receberão, para que a alegria de vocês seja completa" (João 16.24), minha alegria é transbordante por causa de suas grandes e poderosas respostas.

6. Como Pedro, declaro corajosamente: "o que tenho, isto lhe dou. Em nome de Jesus Cristo, o Nazareno, ande" (Atos 3.6).

7. Uma vez que "A fé que vem por meio dele lhe deu esta saúde perfeita" (Atos 3.16), eu confesso minha fé infantil no nome de Jesus.

8. E tudo o que eu fizer, seja em palavra, seja em ação, eu o faço em nome do Senhor Jesus, dando por ele graças a Deus Pai (Colossenses 3.17).

9. Em nome de Jesus, eu expulso demônios (Marcos 16.17); portanto, possuo autoridade total sobre as obras de Satanás.

10. Dou sempre graças por tudo a nosso Deus e Pai, em nome de nosso Senhor Jesus Cristo (Efésios 5.20).

11. Não uso o nome de Jesus como amuleto ou talismã; sei que o seu nome representa toda a autoridade no céu e na terra (Mateus 28.18).

12. "Saudai o nome de Jesus" é mais do que o título de um hino; eu saúdo o poder da salvação, da cura, da libertação em seu nome, o inigualável nome de Jesus.

Capítulo 11

VOCÊ PODE FAZER ISSO

Quando eu era editor da *Faith Digest* [Seleções da Fé], em Tulsa, Oklahoma, meu estimado amigo evangelista T. L. Osborn contou-me o seguinte:

> Fui assistir a um culto no Auditório Cívico de Portland, Oregon. Fiquei na terceira galeria.
>
> Após a mensagem, uma longa fila de pessoas passou diante do ministro para receberem oração por cura. Ele parou uma criança surda-muda e, colocando os dedos em seus ouvidos, disse: — Espírito surdo e mudo, eu te conjuro em nome de Jesus Cristo, deixa e esta criança e não entre mais. — Falou calmamente, mas com absoluta certeza. A criança foi perfeitamente curada. Como aquelas palavras soaram em minha alma! *"Eu te conjuro em nome de Jesus Cristo!"*
>
> Jamais ouvira um homem orar assim. Não tinha dúvidas. Falava mansamente, mas com irresistível força. Havia autoridade indiscutível em sua voz. Invocou o nome de Jesus, e um demônio foi obrigado a obedecer. Vi o poder do nome de Jesus sendo demonstrado. Aquilo mudou a minha vida.

Jesus vivia. Estava sobre a plataforma. Não podia vê-lo, mas, quando aquele pastor invocou seu nome, *ele* estava lá. *Ele* apoiou aquela ordem. E vi Jesus por intermédio de seu nome naquela noite.

Milhares de vozes rodopiaram em minha cabeça quando me sentei chorando. Diziam: — *Você pode fazer isso! Você pode fazer isso! Foi o que Pedro e Paulo fizeram! Isso é uma prova de que a Bíblia ainda é válida! Você pode fazer isso!*

— Sim! — eu respondi. — Eu posso fazer isso! Jesus está vivo! Ele está aqui! Ele está comigo! Posso usar o seu nome! Posso expulsar demônios! Sim, eu posso!

Saí do auditório um novo homem. Jesus e eu estávamos caminhando juntos. Eu usaria seu nome e obrigaria os demônios a sair e as enfermidades a desaparecer. Eu falaria em seu nome. Jesus faria o milagre. Nenhum demônio ou enfermidade resistiria à *autoridade dele. Eles ficariam sob o ultimato dele quando eu usasse SEU nome.*

Durante anos, venho proclamando o nome de Jesus em mais de 30 países. Por todo o mundo, tenho contemplado a glória de Jesus Cristo pelo fato de exaltar seu nome entre os pagãos. Em cada campanha que realizamos no estrangeiro, o Senhor Jesus Cristo apareceu pelo menos uma vez e, com maior frequência, repetidas vezes.

"Por isso Deus o exaltou à mais alta posição e lhe deu o nome que está acima de todo nome, para que ao nome de Jesus se dobre todo joelho, nos céus, na terra e debaixo da terra" (Filipenses 2.9,10).

Você sabe que poder tem uma procuração? É um documento escrito que autoriza uma pessoa a agir em nome da outra. Se alguém lhe der uma procuração sem limites de poder, você pode assinar os seus cheques, operar seus negócios, fazer qualquer coisa que quiser em benefício dela — e pode fazê-lo em nome dela!

Jesus nos deu uma procuração dele. Temos um documento escrito — a Bíblia — na qual Jesus diz: "meu Pai dará a vocês tudo o que pedirem em meu nome" (João 16.23). Mesmo numa base puramente legal, uma vez que nos tornamos cristãos, temos o direito de usar o nome de Jesus. Temos o direito de "assinar" o nome de Jesus nos "cheques" que emitimos no "banco" do céu!

Quando aceitamos Jesus como nosso Salvador, recebemos o nome de Jesus para usar. Jesus nos diz: "Até agora vocês não pediram nada em meu nome. Peçam e receberão, para que a alegria de vocês seja completa" (João 16.24). "E eu farei o que vocês pedirem em meu nome, para que o Pai seja glorificado no Filho" (João 14.13).

Demônios, enfermidades e circunstâncias estão todos sujeitos a esse nome. O nome de Jesus é majestoso e está acima de qualquer outro nome. O Pai assim decidiu. O Espírito Santo dá testemunho a esse respeito. E incontáveis milagres provam o domínio desse nome.

Alguns anos atrás, um grupo de publicadores de hinários selecionou o hino "Saudai o nome de Jesus" como o *grande hino* da igreja.

Podemos saudar o poder do nome de Jesus, pois é por meio dele que temos: 1) *Salvação* para nossa alma; 2) *Cura* para nosso corpo; 3) *Vitória* sobre as forças de Satanás; e 4) *Acesso* ao Pai em oração.

O nome de Jesus está inseparavelmente ligado à salvação. O próprio nome está cheio de música para a alma arrependida. "Ela dará à luz um filho, e você deverá dar-lhe o nome de Jesus, porque ele salvará o seu povo dos seus pecados" (Mateus 1.21).

"Não há salvação em nenhum outro, pois, debaixo do céu não há nenhum outro nome dado aos homens pelo qual devamos ser salvos" (Atos 4.12).

O nome de Jesus é aquele nome por meio do qual um pecador pode se aproximar do grande Deus Pai e falar com ele; é o mesmo nome que revela o ministério mediador de Jesus.

Multidões têm recebido o novo nascimento simplesmente invocando esse nome, pois "todo aquele que invocar o nome do Senhor será salvo" (Romanos 10.13).

Você já invocou o nome de Jesus? Já pronunciou o nome dele em oração? Se não o fez ainda, faça-o agora, e a paz de Cristo inundará sua alma. Quando o invocar, veja-o levantado, sangrando, morrendo, para que você pudesse viver. Seus pecados se desfarão quando a vida dele jorrar para a sua. Invoque o seu nome agora e seja salvo. *Você pode fazer isso!*

O nome de Jesus é o nome que cura. Em Atos 3.6, o poder que há no nome de Jesus fica poderosamente demonstrado. A um pobre aleijado sentado no pó, Pedro disse: "Em nome de Jesus Cristo, o Nazareno, ande". De repente, aqueles tornozelos e pés inúteis receberam força, e aquele homem correu para dentro do templo, pulando, saltando e louvando a Deus.

A multidão reconheceu-o como o antigo aleijado e reuniu-se à volta dele admirada e perplexa. Pedro, então, disse à multidão que o Cristo vivo realizador de milagres tinha efetuado aquela cura. Chegou no auge de sua mensagem com esta declaração:

> "Pela fé no nome de Jesus, o Nome curou este homem que vocês veem e conhecem. A fé que vem por meio dele lhe deu esta saúde perfeita, como todos podem ver" (Atos 3.16).

Milhares de vezes, vi o poder do Cristo vivo manifestado em milagres quando ordenei que as enfermidades sumissem e que os demônios saíssem em nome de Jesus Cristo.

Oh, que bênção é ver partes do corpo murchas atacadas de poliomielite tornarem-se, de repente, fortes e novas — de ver corpos comidos pelo câncer subitamente restaurados! Digo-lhe, há cura no nome de Jesus. E a fé em seu maravilhoso nome tornará você sadio agora mesmo.

Invoque o seu nome. Desafie sua enfermidade a sair agora, em nome dele. Ela não pode resistir. Você também receberá saúde. Receba a cura, agora, em nome de Jesus. *Você pode fazer isso!*

O nome de Jesus é um nome com autoridade. Os evangelhos repetidamente nos contam sobre como Jesus combateu as forças do mal: "Então ele percorreu toda a Galileia, pregando nas sinagogas e expulsando os demônios" (Marcos 1.39). Há inúmeras referências sobre Jesus expulsando demônios. Esse assunto tornou-se tão importante que seus oponentes equivocadamente declaravam: "É pelo príncipe dos demônios que ele expulsa demônios" (Mateus 9.34).

Lendo nossa atual literatura religiosa e ouvindo as pregações da maioria dos pregadores, quase temos a impressão de que os demônios desapareceram. Há milhares de pregadores e cristãos que jamais em sua vida expulsaram um demônio em nome de Jesus.

Jamais fui capaz de entender como os cristãos esperam viver uma vida vitoriosa, se não reconhecem que seu inimigo é um poder demoníaco e que o *poder da vitória* está no nome de Jesus, o Filho de Deus.

Ignorar a existência dos demônios só dá ao Adversário uma vantagem maior.

"pois a nossa luta não é contra seres humanos, mas contra os poderes e autoridades, contra os dominadores deste mundo de trevas, contra as forças espirituais do mal nas regiões celestiais" (Efésios 6.12).

"Em meu nome expulsarão demônios", foi a promessa de Jesus para "os que creem" (Marcos 16.17).

Cada discípulo que Jesus enviara para pregar recebia a *ordem* de "expulsar demônios" (cf. Mateus 10.8). Mas a promessa de Marcos 16.17 é para cada cristão, não só para "pregadores". Isso inclui você — "até o fim dos tempos".

Se você sabe que seu coração está em paz com Deus, levante-se em nome de Jesus e expulse demônios. Expulse o Inimigo. Aja com base na promessa de Cristo. Fale com autoridade. Você tem o direito de usar esse nome. Não fique intimidado. Tenha coragem. *Você* é um cristão. Assuma posição. Receba a vitória sobre as forças de Satanás usando esse nome. O nome de Jesus é um nome com autoridade! Jesus declarou: "E eu farei o que vocês pedirem [ou ordenarem] em meu nome, para que o Pai seja glorificado no Filho" (João 14.13).

Ordene à sua enfermidade que saia. Ordene ao Inimigo que recue. Aceite sua libertação. Depois vá e liberte outros. Faça-o agora! *Você pode fazer isso.*

Que maravilha saber que toda pessoa nascida na família de Deus nasceu na realeza — divina realeza, "Pois ele nos resgatou do domínio das trevas e nos transportou para o Reino do seu Filho amado" (Colossenses 1.13). "Vocês, porém, são geração eleita, sacerdócio real" (1Pedro 2.9).

Tendo "nascido de novo" na família imperial, você herdou o direito de usar o nome imperial. Que herança! O Pai sempre tem prazer em reconhecer qualquer pedido feito no nome imperial.

Você é um membro da família, por isso tem o direito de usar o nome de Jesus quando ora.

Quando Jesus disse "farei o que vocês pedirem em meu nome", está lhe dando um cheque assinado com todos os recursos do céu, pedindo-lhe que o preencha. *Que privilégio!*

Vale a pena cada cristão fazer um estudo exaustivo do livro de Atos e das Epístolas, para ver como o nome de Jesus influenciou cada fase da igreja primitiva.

Quando você aprender a usar o nome de Jesus de acordo com a Palavra, no poder do Espírito, terá *o segredo que abalou o mundo* por intermédio dos apóstolos. Comece a usar o nome de Jesus em sua vida de oração hoje.

"Até agora vocês não pediram nada em meu nome. Peçam e receberão, para que a alegria de vocês seja completa" (João 16.24).

A plenitude de alegria está à sua espera se você pedir ao Pai corajosamente em nome de Jesus! Você encontrará algo no nome de Jesus que lhe dará alegria numa medida que você ainda não conheceu.

"Estes sinais acompanharão os que crerem." Isto se refere a VOCÊ. "Em meu nome expulsarão demônios [...]" (Marcos 16.17).

Tome posição. Use o nome de Jesus. Ele lhe pertence. É o nome da família. *Você* pertence a Jesus. *Você* nasceu na família dele. *Você* foi transportado para o seu Reino. Dê prazer ao Pai sendo corajoso e fazendo valer seus direitos. Reivindique sua herança e, depois, liberte outros cativos. *Você pode fazer isso.*

"Tudo o que fizerem, seja em palavra, seja em ação, façam-no em nome do Senhor Jesus, dando por meio dele graças a Deus Pai" (Colossenses 3.17).

O QUE VOCÊ PODE FAZER

1. "Tudo posso naquele que me fortalece" (Filipenses 4.13). A Bíblia é a Palavra de Deus. Quando Deus diz uma coisa, ele o faz. Eu posso fazer o que Deus diz que posso!

2. Jesus disse: "Em meu nome expulsarão demônios [...] imporão as mãos sobre os doentes, e estes ficarão curados" (Marcos 16.17,18). Eu posso fazer isso! Em seu nome, eu posso expulsar demônios e ministrar cura aos doentes.

3. Salmos 37.4 diz: "Deleite-se no Senhor, e ele atenderá aos desejos do seu coração". Eu posso realizar os desejos do meu coração porque me deleito no Senhor!

4. Atos 1.8 diz: "Mas receberão poder quando o Espírito Santo descer sobre vocês, e serão minhas testemunhas." Posso testemunhar com poder porque tenho o Espírito Santo em minha vida!

5. Isaías 53.5 proclama que "pelas suas feridas fomos curados". Posso ter cura e saúde porque por suas feridas fui curado!

6. "Amem-se uns aos outros. Como eu os amei, vocês devem amar-se uns aos outros" (João 13.34). Posso amar os outros como Jesus me amou, pois o seu amor foi derramado em meu coração. Eu amo com o amor dele!

7. Primeira aos Coríntios 1.30 diz: "Cristo Jesus, o qual se tornou sabedoria de Deus para nós". Posso ter sabedoria divina em qualquer crise, pois o próprio Cristo é a minha sabedoria.

8. "Mas os justos são corajosos como o leão" (Provérbios 28.1). Posso ser intrépido como um leão, pois fui justificado por sua justiça (Romanos 10.10; 2Coríntios 5.21).

9. Daniel 11.32 nos diz que "o povo que conhece o seu Deus resistirá com firmeza". Posso ser ativo, pois conheço o meu Deus que me faz forte!

10. "Seu divino poder nos deu tudo de que necessitamos para a vida e para a piedade" (2Pedro 1.3).

Posso desfrutar de *todas as coisas* que se referem à vida e à piedade, e tudo posso em Cristo que me fortalece!

Capítulo 12

PODE ACONTECER COM VOCÊ

Você não precisa ser "alguém especial" para receber um milagre de cura. Deus não faz acepção de pessoas. O que ele faz para uma pessoa, faz para outra. O que Jesus fará para qualquer um, fará para você. Neste capítulo, quero contar a você milagres de cura que resultaram do uso do nome de Jesus, a fim de fortalecer sua fé para receber o *seu* milagre.

O segundo grande benefício do Senhor é o poder da cura. "Jesus Cristo é o mesmo, ontem, hoje e para sempre" (Hebreus 13.8). O Cristo do evangelho continua curando hoje. Eu sei: fui curado por Cristo; tenho testemunhado milhares de outras pessoas que também foram curadas.

Sei que há muita controvérsia sobre a cura divina. Sempre houve e provavelmente sempre haverá. Os céticos e os que duvidam negam que Cristo realiza esses milagres atualmente. Mas aqueles que creram e receberam a cura sabem que Cristo continua realizando milagres vitais hoje, em nossos dias.

A cura de minha mãe foi a primeira que causou impacto em minha vida. Aconteceu em 1948 e foi o que trouxe minha família a Jesus. Então o Senhor curou os pezinhos deformados de minha filhinha e, em 1953, curou minha querida esposa quando ela foi atacada de febre reumática.

O nome de Jesus é o nome que cura. Quando invocamos o seu nome no socorro prestado aos doentes, é como se o próprio Jesus estivesse presente. Ele e o seu nome são um. Quando a revelação do poder de Jesus entrou em minha vida, fui transformado para sempre, e a vida mudou para mim. Foi como se o céu de repente entrasse em minha vida.

Conforme já mencionei antes, em nome de Jesus tenho ordenado aos espíritos surdos que abandonem centenas de pessoas que eram totalmente surdas de um ou de ambos os ouvidos. Em quase todas as vezes, a surdez desapareceu e as pessoas foram curadas.

Lutando contra a maldita enfermidade do câncer, muitas vezes tenho falado com autoridade em nome de Jesus contra essa horrível opressão e muitos testemunhos foram recebidos daqueles que foram milagrosamente curados dessa doença. Essas curas foram milagres reais e definidos para a glória e louvor do nome de Jesus.

Escrevi estas palavras numa página de minha Bíblia: "Não preciso de fé para usar o nome de Jesus; tudo o que preciso é de *ousadia* para usá-lo, pois esse nome me pertence".

Tem sido simplesmente maravilhoso falar em nome de Jesus contra toda espécie de enfermidades, prisões e problemas e ver os resultados. O nome de Jesus também pertence a você. Use-o com ousadia! Você pode tremer ao usar esse nome, mas lembre-se de que o poder está nesse nome, e tenha coragem! Bendigo ao Senhor que cura todas as nossas enfermidades!

"Pela fé no nome de Jesus, o Nome curou este homem que vocês veem e conhecem. A fé que vem por meio dele lhe deu esta saúde perfeita, como todos podem ver" (Atos 3.16).

Davi disse: "Bendiga o Senhor a minha alma! [...] que resgata a sua vida da sepultura" (Salmos 103.1,4). Isso significa que ele nos preserva da destruição. Tenho certeza de que todos nós já estivemos muito perto das garras da morte, mas a grande mão do Senhor nos livrou e preservou quando o Maligno quis nos destruir.

Certa vez, eu pregava na cidade de Chicago. O Senhor nos concedia muitas almas e grandes milagres de cura em cada culto. Um homem controlado por Satanás veio às reuniões. Ele não queria se submeter à libertação, recusando a graça e a misericórdia de Deus para a sua alma cercada pelas trevas do pecado. Saía muitas vezes pior do que entrava, por causa de sua resistência ao Espírito.

Mais tarde, quando me dirigia para o auditório para a próxima reunião, esse homem estava de tocaia contra mim. Com a súbita ferocidade de um animal selvagem, atacou-me. Antes que percebesse o que estava acontecendo, bateu em mim três vezes, ferindo-me no rosto. Fiquei ali, cambaleando, tentando restabelecer meu equilíbrio.

— Vou arrancar seus olhos! — gritava o homem e tornou a se aproximar de mim sinistramente. Eu sabia que não havia nenhum motivo humano para ele me atacar, eu tentara ajudá-lo, mas percebi claramente que demônios o controlavam. Quando tentou novamente atingir meus olhos, gritei o nome de Jesus, proibindo-lhe de prosseguir em sua destruição.

Os demônios no homem foram subjugados. Subitamente, ele se voltou e fugiu da cena da violência. O nome de Jesus vencera. O Senhor salvou minha vida da destruição. Louvo o seu nome por isso com tudo o que há em mim.

Uma vez envolvi-me em um grave acidente de carro: um dos carros rolou por um aterro, e fiquei preso com a gasolina jorrando em cima de mim. Incapaz de me livrar, rapidamente percebi que a gasolina pura poderia se incendiar, e eu ficaria num verdadeiro inferno dentro do veículo.

Novamente usei o nome de Jesus e comecei a louvar o SENHOR por minha libertação. O Senhor me acudiu: seis homens aproximaram-se do carro e o levantaram, e eu fui liberto da destruição de Satanás.

Aleluia! Deus é maior que o Diabo! E eu louvo o Senhor que livrou minha vida da destruição! "Bendiga o SENHOR a minha alma! Bendiga o SENHOR todo o meu ser!" (Salmos 103.1). Tudo o que há em mim diz: — Aleluia! Obrigado, Jesus! Louvado seja o Senhor! Glória a Deus! — Meu cálice transborda! O Senhor me abençoou com os seus benefícios — sinto-me grato.

Você pode receber os mesmos benefícios do Senhor, se crer em Jesus Cristo. O que ele fez por mim e muitos outros fará por você.

Quando eu era missionário-evangelista em Dominica, minha missão se caracterizou por algumas intervenções incomuns de Deus que ficaram profundamente gravadas em minha memória.

Fomos a uma cidadezinha dominicana para visitar o povo de lá. Os missionários concordaram em nos levar ao lugar para nos apresentar aos ouvintes sinceros de meus programas de rádio em inglês e francês, pois era uma vila onde se falava principalmente o francês e um dialeto. O povo nos recebeu amistosamente como servos de Deus enquanto íamos de uma pequena casa a outra falando-lhes do amor de Jesus. Depois me pediram que dirigisse um culto ao ar livre antes de voltar para a capital.

Quando atravessávamos uma ponte para realizar o culto do outro lado do rio, um grande número de escolares veio correndo ao nosso encontro. Perguntaram se poderiam cantar um hino para a nossa reunião no seu dialeto; fizeram-no lindamente.

Então nos perguntaram se poderíamos cantar um hino para eles; juntamo-nos a eles cantando "Aleluia!". Depois disso, disse-lhes que desejava orar por todos para que aceitassem Jesus Cristo no coração, e para que ele os abençoasse.

Minha filha Marisa nos acompanhava nessa viagem. Marisa não tinha ainda 15 anos de idade naquela ocasião. Era uma garota magra que não estava acostumada ao clima tropical. Ao se encontrar comigo no meio da oração, Marisa desmaiou. Se minha esposa não a amparasse imediatamente, teria caído no caudaloso rio lá embaixo. Mas aconteceu que caiu sobre as pedras perto do rio. Rapidamente, pulei lá embaixo e me pus ao seu lado. Ela estava com as pupilas viradas para trás; não havia nela nenhuma vida, nenhuma reação. Minha esposa gritou: — Oh, papai, ore!

Eu não pretendia tomar uma decisão teológica sobre como socorrê-la. Ouvi o Espírito do Senhor orando por meu intermédio: — Morte, eu a repreendo em nome de Jesus!

Peguei Marisa e a levei de volta para a ponte. Seus olhos continuavam virados, e ela jazia sem vida em meus braços enquanto a carregava de volta para a ponte. Novamente repreendi o Diabo e ordenei firmemente: — Eu a repreendo, morte, em nome de Jesus.

A meio caminho da ponte, os olhos de Marisa abriram-se, e nosso coração rejubilou-se. Colocamo-la no carro que pertencia aos missionários Snyder e voltamos à cidade de Roseau. Os Snyders insistiram que Marisa fosse examinada; contudo, tínhamos convicção de que o Senhor já a tinha curado completamente. Quando o Diabo pretendia destruir, Deus operou o seu milagre! Não estou alegando que Marisa ressuscitou dentre os mortos, mas *estou* declarando que o Senhor interveio e tocou em minha filha. Louvado seja o seu nome!

Há muitos anos, a sra. Mary Hart, de Calgary, Alberta, viajava numa carroça pelas planícies a caminho de Alberta. Era então apenas uma garota, mas lembra-se da notável experiência com nitidez.

Numa noite, quando sua família acampou na planície, ela se encontrava perto da fogueira. Uma lata de água fervente subitamente explodiu, e o impacto da explosão queimou o seu rosto horrivelmente. No devido tempo, as queimaduras sararam, mas Maria ficou sem o sentido do olfato. Através dos anos que se seguiram, ficou privada da capacidade de cheirar, embora fosse amante das belas flores.

Quando dirigi uma cruzada de quatro semanas em Calgary, Deus poderosamente manifestou-se curando e libertando. Numa dessas noites, a sra. Hart levantou-se diante de mim para contar sua história e para pedir oração pela cura e restauração de seu olfato. Quando a socorri em nome de Jesus, instantaneamente recebeu o milagre da cura, e foi capaz de cheirar tudo e qualquer coisa, inclusive flores!

Algumas noites depois que esse milagre aconteceu, uma severa tempestade elétrica desencadeou-se sobre Calgary. Sem que a sra. Hart soubesse, a chama piloto de seu aquecimento a gás apagou-se por causa da tempestade. Quando a luz piloto se apaga, o gás deve ser automaticamente desligado; mas não foi o que aconteceu, e durante horas o gás continuou a sair pelo bico do forno, espalhando-se por todo o porão e escadas acima. Quando a sra. Hart chegou em casa naquela noite de volta do trabalho, sentiu um cheiro esquisito por todos os cantos da casa. Desceu e imediatamente descobriu o que tinha acontecido. Abrindo janelas e portas, fez o gás sair. Frequentemente, ela tem dado testemunho de que, sem dúvida, foi a recuperação do olfato que lhe salvou a vida! Se não fosse capaz de sentir o

112 | Há poder em suas palavras

cheiro, o gás teria continuado enchendo a casa e finalmente ela teria morrido!

Sim, a lata de água fervente naquela fogueira em planície aberta, há muitos anos, levou a jovem Mary a perder o olfato. Mas, pelo poderoso nome de Jesus, Deus operou um milagre que salvou sua vida em Calgary.

Alguns anos atrás, minha família e eu fomos a North Battleford, Saskatchewan, para dirigir uma cruzada na igreja quadrangular. O pastor, George Belobaba, desafiou-me com estas palavras:

— Irmão Gossett, em nossa escola dominical temos duas crianças, as duas totalmente cegas de um olho. Portanto, se o senhor garantisse o milagre de abrir aqueles olhos e lhes devolvesse a visão, as coisas aqui realmente se transformariam e as pessoas ficariam sabendo que Jesus Cristo está vivo e continua operando hoje em dia.

— Já vi Jesus Cristo abrir olhos cegos muitas vezes — respondi. Vamos crer que o Senhor realizará um milagre quando orarmos pelas crianças.

Na terceira noite de reuniões, Michael Mannix e Linda Girard vieram ao culto. O pr. Belobaba mostrou-me as crianças e me disse que eram aquelas que tinham um olho cego cada uma. Orei por Michael, e Jesus Cristo lhe deu visão perfeita; então Linda recebeu o mesmo milagre maravilhoso.

Aqueles milagres despertaram o coração de muita gente, e dezenas de almas foram atraídas para as reuniões e salvas por causa daquelas demonstrações de poder do Deus vivo. Linda e Michael voltaram noite após noite; eu as colocava na plataforma e mostrava como Jesus Cristo tinha devolvido completamente àquelas crianças o privilégio de enxergar.

Os milagres também tiveram grande impacto sobre suas famílias. Recebi uma carta da avó de Linda, a sra. Teichroeb.

Ela escreveu: "Além de minha neta, Linda Girard, ter sido curada de um olho cego em sua cruzada, dois irmãos meus foram salvos nas reuniões, e eu fui curada de sérias dores abdominais. Estou muito grata por tudo quanto Jesus fez".

Michael Mannix tinha um irmão mais velho, Melvin, que sofrera de uma séria febre reumática que afetou o seu coração de tal maneira que frequentemente não podia andar, falar, ou reconhecer sua mãe. Quando orei por ele, Jesus Cristo instantaneamente o curou. Quando sua mãe o levou para um exame completo, seu médico ficou perplexo; suspendeu os medicamentos e declarou-o totalmente curado.

Em João 14.13,14, Jesus disse: "E eu farei o que vocês pedirem em meu nome, para que o Pai seja glorificado no Filho. O que vocês pedirem em meu nome, eu farei". Certa noite, em Anderson, no Missouri, trouxeram uma senhora que estava morrendo de câncer. Sua aparência dava pena, quase só pele e osso; sua pele não tinha cor.

Perguntei-lhe: — A senhora crê que esse "tudo" de João 14.13 inclui seu corpo canceroso?

Debilmente respondeu: — Sim.

— Então vamos usar a palavrinha "tudo" para o câncer — eu continuei. — Jesus disse, se pedirem em meu nome, eu farei. Fica simplesmente reduzido a isto: nossa parte é pedir, e Jesus cuidará de fazer.

A Palavra de Deus produziu fé ativa no coração daquela mulher, que exclamou com verdadeira certeza: — Parece-me que é bom!

No nome de Jesus, repreendemos o câncer, e dentro de três dias tudo aquilo saiu de seu corpo. Ela foi restaurada à completa saúde, e as últimas notícias que tive diziam que continua forte até o dia de hoje. Exalto o nome de Jesus! Nesse nome, temos

114 | Há poder em suas palavras

visto praticamente a cura de todas as enfermidades e doenças conhecidas, com exceção da lepra. E eu creio que a lepra também se submeterá ao nome real de Jesus, se tivermos uma oportunidade de orar por um leproso!

"Em meu nome expulsarão demônios; falarão novas línguas; pegarão em serpentes; e, se beberem algum veneno mortal, não lhes fará mal nenhum; imporão as mãos sobre os doentes, e estes ficarão curados" (Marcos 16.17,18).

VOCÊ TEM A UNÇÃO

1. "A unção que receberam dele permanece em vocês" (1João 2.27). Você tem a unção no seu interior. É um fato bíblico que continua o mesmo todos os dias.

2. "O jugo se quebrará porque vocês estarão muito gordos" (Isaías 10.27). O jugo fala de prisão satânica. A unção destrói o jugo.

3. O que é unção? É a força sobrenatural e energética que vem de dentro que torna a vida cristã cheia do Espírito, poderosa, eficaz e produtiva no serviço do cristão. Se você já recebeu o batismo do Espírito Santo, já recebeu a unção e ela permanece em você!

4. Jesus, nosso Mestre, foi ungido quando andou na terra: "O Espírito do Senhor está sobre mim, porque ele me ungiu para pregar boas-novas aos pobres. Ele me enviou para proclamar liberdade aos presos e recuperação da vista aos cegos, para libertar os oprimidos e proclamar o ano da graça do Senhor" (Lucas 4.18,19). Todas as curas e libertações que Jesus operou foram por intermédio dessa unção. "Como Deus ungiu Jesus de Nazaré com o Espírito

Santo e poder, e como ele andou por toda parte fazendo o bem e curando todos os oprimidos pelo Diabo, porque Deus estava com ele" (Atos 10.38).

5. Guarde a unção como um tesouro. Ela é a qualidade santa; uma superqualidade que nos dinamiza para o nosso Senhor. Essa unção nos capacita a obter em nossa vida os mesmos resultados que Jesus obteve em seu ministério. Essa unção nos dá autoridade para falar em nome de Jesus contra os poderes satânicos.

6. "Derramaste sobre mim óleo novo" (Salmos 92.10). A unção do Espírito Santo compara-se ao óleo. As Escrituras apresentam o óleo como um tipo do Espírito Santo. Declare estas sagradas palavras com Davi: "Derramaste sobre mim óleo novo". No Dia de Pentecoste, "todos ficaram cheios do Espírito Santo" (Atos 2.4); mais tarde, esses mesmos discípulos foram novamente cheios do Espírito Santo (Atos 4.31). Precisamos de novas unções e novos enchimentos do Espírito.

7. "Edifiquem-se, porém, amados, na santíssima fé que vocês têm, orando no Espírito Santo" (Judas 20). Este "orando no Espírito Santo" é a oração real, fervorosa, ungida, que edifica a nossa fé.

8. "Mas vocês têm uma unção que procede do Santo" (1João 2.20). Anelo essa unção; essa unção que permanece em mim. Diariamente, entrego-me ao Espírito Santo para que derrame óleo fresco em meu ser. Declaro: —Tenho a unção. Ela permanece em mim. É um dom de Deus. — Mantenho a unção por meio de uma vida de rica comunhão com meu Senhor.

Capítulo 13

A CURA DO CÂNCER

A cura nos pertence. Não é uma coisa que temos de implorar a Deus; é algo que ele já nos deu. Mas a fé é o catalizador. Sem fé no que ele diz, não seremos capazes de reivindicar a cura que é nossa por direito.

Há muitos anos, um inglês chamado William F. Burton fundou uma missão no Congo Belga. Essa missão deu início a um poderoso testemunho de Cristo na África.

O sr. Burton ficou doente, mas não tinha consciência nem da extensão nem da seriedade do que tinha. Os médicos no Congo prepararam-se para operá-lo. Durante a operação, o cirurgião descobriu que William Burton estava totalmente tomado pelo câncer.

Seu cirurgião — que também era seu amigo — deu a notícia ao sr. Burton: — Sentimos muito porque não podemos fazer nada por você — disse tristemente a Burton. — O câncer está muito espalhado. Nem sequer podemos arriscar uma operação radical para tentar removê-lo. Achamos que você deveria saber que só tem cerca de um ano de vida. Se quiser voltar para a Inglaterra a fim de ver sua família, deve planejar a viagem logo, enquanto ainda está com forças suficientes para enfrentá-la.

William Burton concordou em esperar um mês mais ou menos para então retornar à Inglaterra. Já vivia há tanto tempo no Congo e amava o povo tão profundamente que detestava a ideia de partir. Planejou viajar pelo país que tanto amava para despedir-se dos seus amigos.

Onde quer que fosse, a triste notícia de sua enfermidade e sua iminente partida já o tinha precedido. Com lágrimas, os amigos congoleses se esforçavam para expressar seu amor e simpatia a ele.

Uma noite, como de costume, Burton estava sentado em seu quarto, lendo sua Bíblia. Lia Isaías 53, quando as palavras "pelas suas feridas fomos curados" saltaram da página para salvar sua vida. Consciente de que até aquele momento não considerara o plano que Deus poderia ter para sua vida, o sr. Burton caiu de joelhos e orou pedindo perdão por ter aceitado imediatamente o prognóstico do cirurgião. Ele mesmo tinha falhado em usar a Palavra. As palavras que estivera repetindo para si mesmo não eram palavras de vitória em Cristo Jesus. Eram as palavras do cirurgião. Decidiu pedir a Deus que desse o "veredito final" no seu caso.

Depois disso, quando os amigos congoleses de Burton tentavam consolá-lo, ele simplesmente dizia: — Mas vocês ainda não ouviram a última parte da história. Pelas feridas dele estou curado. — Muitas e muitas vezes, afirmou e reafirmou sua fé pelas palavras que dizia. William Burton decidiu crer em Deus.

O sr. Burton continuou em seus planos de retornar à Inglaterra. Contudo, seus motivos eram agora não se despedir de sua família, mas, em lugar disso, descansar e recuperar as forças para poder voltar ao Congo e continuar a obra do Senhor. Quando sua família e amigos o receberam entristecidos, ele

118 | Há poder em suas palavras

corajosamente continuou declarando: "Pelas suas feridas estou curado".

Cerca de seis meses depois do regresso de Burton à Inglaterra, quando parecia haver melhoras em sua saúde em lugar da esperada deterioração, os médicos ingleses de Burton decidiram examiná-lo novamente, pois tinham recebido seu relatório médico do Congo.

Para espanto dos médicos e demais pessoas, com exceção do sr. Burton, o exame confirmou a declaração do próprio Burton: "Pelas suas feridas estou curado". Ele tinha razão. Sua declaração fora o veredito celeste em seu caso. Absolutamente nenhum vestígio de câncer tinha ficado!

A cura de William Burton teve efeitos de longo alcance. Retornou à sua missão então no Congo Belga e continuou o seu trabalho ali por muitos anos. Sua cura foi um testemunho mais poderoso para os africanos do que todas as suas pregações anteriores.

As feridas que Jesus sofreu para a nossa cura foram causadas por uma espécie de castigo cruel chamado "açoite". Os historiadores nos contam que era aplicado com um objeto conhecido como "gato de nove caudas". Jesus sofreu esses açoites um pouco antes de sua crucificação (Mateus 27.26).

O "gato de nove caudas" era uma arma horrível usada para castigo. Pequenos pedaços de metal eram tecidos em cada uma dessas tiras de couro. Os açoites romanos com esse chicote superavam todos os outros métodos de castigo. Era, se possível, pior do que ser pregado numa cruz e abandonado ali para morrer. Era tão horrível que o condenado geralmente morria durante os açoites.

Amarraram as mãos de nosso Salvador bem acima de sua cabeça. Então um forte soldado romano, com todas as suas forças, batia em Jesus com aquele chicote. Trinta e nove vezes o "gato de nove caudas" estriou a carne de nosso Senhor de maneira que as costelas e os ossos de suas costas ficaram expostos.

Naqueles trinta e nove açoites que cortaram suas costas até os ossos, Jesus tomou sobre si nossa miséria, nossos sofrimentos e nossas enfermidades. Ele sofreu a agonia de toda doença conhecida. Sofreu para que o sofrimento de cada um de nós fosse aliviado, para que pudéssemos dizer: "Pelas suas feridas fomos curados".

Essa cura não é uma coisa que se realizará se você disser as palavras, ou se você orar. É uma coisa que já foi realizada! Exatamente como você foi salvo no minuto em que aceitou a expiação de Jesus na cruz, pode ser curado no momento em que realmente percebe que Jesus já pagou o preço de sua cura.

Os açoites e a crucificação de Jesus não foram agradáveis. Foram desumanos; poderíamos chamá-los de bestiais. Entretanto, o que deveríamos sempre perceber é que desde o começo de sua vida Jesus sabia qual seria o seu fim aqui na terra. Contudo, nos amou tanto que caminhou sem fraquejar até a cruz para que nós, que lhe pertencemos, pudéssemos repetir muitas e muitas vezes: "Pelas suas feridas estou curado".

Henry Gallers, de Wanganui, na Nova Zelândia, contou-me essa pungente história quando estive recentemente no exterior dirigindo cruzadas:

> Era 25 de abril de 1952, e alguns cristãos realizavam uma reunião de vigília em Wanganui. Essa espécie de reunião geralmente se segue a uma reunião formal. A ênfase do ministro naquela noite relacionava-se com o Espírito Santo. Destacara-se que nenhum mestre é tão poderoso como o Espírito Santo. Só ele sonda as coisas profundas de Deus e as revela a nós.

Há poder em suas palavras

Um jovem de 15 anos recebera o Espírito Santo, e a congregação fora tomada de alegria. Mas sua mãe ficou perturbada quando olhou para o filho. Não viu nada que a fizesse alegre. O rosto dele parecia contorcido de dor e pálido. Ficou admirada com aquela aparência fora do comum.

Mais tarde o rapaz explicou-nos o que lhe tinha acontecido. Enquanto pensava no grande sacrifício que Jesus fizera por ele, tivera uma visão dos açoites sofridos por Jesus. Por isso, não ficou nada alegre. Viu nosso Senhor amarrado, pendurado pelos pulsos, suspenso de modo que seus pés só tocavam o solo. Viu o soldado romano aplicando em Jesus o primeiro golpe com aquele açoite.

Aquele jovem, como muitas outras pessoas, tivera a ideia de que Jesus, sendo manso, devia ter aparência de um homem frágil, de estrutura delicada. Nada disso! Os quilômetros que Jesus caminhou sobre aquelas quentes e poeirentas colinas da Galileia exigiam um corpo forte e capaz. Muitas vezes também, as pessoas se esquecem de que Jesus só tinha 33 anos quando foi crucificado. Em sua visão, o rapaz viu o dorso jovem de Jesus e seus ombros macios e musculosos, bastante musculosos para que fosse capaz de carregar aquela pesada cruz. Mas, não obstante a força de seu corpo, aquele "gato de nove caudas" cortou-o e o fez sofrer exatamente como faria comigo ou com você. O chicote do soldado romano fez um profundo sulco nas costas de Jesus naquele dia. Retalhou sua carne e espargiu sangue. Mas Jesus foi capaz de suportá-lo.

O conhecimento que o rapaz tivera antes dos açoites sofridos por Jesus fora muito limitado. Quando se ajoelhou para orar, não tinha realmente nenhuma ideia do que eram os açoites. Inesperadamente, entretanto, bem ali

A cura do câncer | 121

diante de seus olhos fechados, teve uma visão simbólica do que acontecera na esfera espiritual séculos atrás.

Com os olhos da mente ele viu uma grande população parada à volta. Não era uma população como aquela que testemunhou aquela fustigação em Jerusalém. Antes, viu parada ali uma grande multidão de aleijados e gente doente. Alguns tinham muletas. Outros tinham outros tipos de apoio. Ele só viu um dos 39 golpes que nosso Senhor recebeu. Mas, quando o chicote recuou daquele corte, pedaços de carne e salpicos de sangue voaram sobre a população. Milagre dos milagres! Toda a glória seja dada a Deus! Em qualquer lugar onde a mais ínfima partícula de carne ou a menor gota de sangue caía, a pessoa sobre a qual pousava ficava instantaneamente curada; ficava perfeitamente sadia!

As pessoas abandonavam suas muletas e andavam por todos os lados, demonstrando sua cura. Aqui o corpo foi partido e aqui o sangue foi derramado para a cura delas.

A menor gotícula imaginável do sangue daquela ferida recebeu o poder de curar. Quando se sabe que Jesus levou não um, mas 39 açoites, e sabe-se o sofrimento que suportou, pode-se entender o poder de curar que ainda flui para todos que dizem com sinceridade: "Pelas suas feridas estou curado". A visão do rapaz foi simbólica. A multidão que ele viu não foi na realidade a multidão que testemunhou aquele flagelamento de Jesus. Nós estávamos entre os doentes e aleijados curados pelas suas feridas.

Algumas pessoas talvez achem que eu enfatizo demais a citação: "Pelas suas feridas fomos curados", mas posso dizer duas coisas sobre isso: primeiro, é o que a Bíblia diz; e, segundo, se você é filho de Deus, deve declarar o que a Bíblia diz a fim de obter os resultados que a Bíblia promete. Você tem de depositar sua fé em palavras. Considerando que Jesus se importou tanto comigo que se submeteu àquele cruel flagelo e, então, entregou seu corpo para que fosse pendurado por mim sobre aquela rude cruz nas encostas do Calvário, decidi segui-lo. Sei que isso não me orientará só por algum tempo, mas, o que é muito mais importante, no além, por toda a eternidade. Fui comprado e pago com aquele sangue, e você também.

Você deve desenvolver o hábito de citar a Palavra de Deus. Esse modo de falar se tornará um hábito de vida para você. O Espírito Santo habitará diariamente em você. A graça de Deus se tornará evidente em sua vida. E os resultados serão espetaculares.

Recentemente o sr. e a sra. Hens Hensen, ex-pastores em Linn Grove, Iowa, deram o seguinte testemunho:

> Uma tarde, nós e Esther, nossa filha de 14 anos de idade, estávamos sentados em nossa sala de estar, falando sobre a bondade de Deus e adorando-o em voz alta enquanto conversávamos.
>
> Esther estava sentada na cadeira de balanço. Tinha sofrido de tuberculose óssea durante dois anos. Feridas abertas desde o tornozelo até o quadril expunham o osso em alguns lugares. Estivera de cama por mais de um ano, e frequentemente as feridas se abriam por todos os lugares em seu corpo. Agora, temporariamente melhor, tinha aspecto mais saudável e podia ficar sentada na cadeira a maior parte do dia.
>
> Naquele dia não estávamos realmente orando pela recuperação de Esther, embora tivéssemos orado por ela muitas vezes no passado. Estávamos simplesmente dizendo ao Senhor outra vez como nos sentíamos felizes com o privilégio de pertencermos a ele. Sem que o planejássemos fazer, fomos levados a nos aproximar da cadeira de Esther

e colocar nossas mãos sobre a cabeça dela. Naquela tarde, o Espírito Santo foi tão real para nós que pudemos sentir sua presença ali. Simplesmente sentimos que uma coisa maravilhosa estava acontecendo na vida de todos nós.

Daquela tarde em diante, começamos a testemunhar uma transformação constante em Esther. Ela não foi dramaticamente curada, mas Deus incumbiu-se de sua cura. As feridas começaram a sarar gradualmente até que se fecharam. Por fim, pôde deixar a cadeira e andar pela casa. Então, para a glória de Deus, veio o dia em que pôde desfazer-se de qualquer apoio e assumir novamente seu lugar nas atividades normais de uma adolescente. As cicatrizes ainda estão lá para nos lembrar da misericórdia de Deus, mas hoje Esther está forte, muito bem casada, e é mãe de nossos dois netos. Não é por menos que louvamos ao Senhor sem parar!

Como Deus gosta de ouvir-nos dizer palavras que refletem sua bondade para conosco e declaram nossa fidelidade a Jesus Cristo, nosso Senhor e Salvador.

Você pode ler as grandes verdades contidas na Palavra, verdades que prometem que a saúde e a cura podem ser suas. Você pode dizer: — Creio que são verdadeiras. — Mas você tem de reclamar essas promessas para você mesmo, agir de acordo com elas e falar sobre elas, a fim de receber os benefícios que ela oferece.

Deus colocou suas enfermidades sobre Jesus: "Ele mesmo levou em seu corpo os nossos pecados sobre o madeiro, a fim de que morrêssemos para os pecados e vivêssemos para a justiça; por suas feridas vocês foram curados" (1Pedro 2.24). Ele diz: "foram curados". Tempo passado. Você já foi curado. Portanto, você não possui doença; você possui saúde. A artrite é do Diabo! Satanás trouxe o pecado e a enfermidade para este

124 | Há poder em suas palavras

mundo, mas você tem de submeter-se à autoridade do nome de Jesus, e a enfermidade tem de ir embora. Ele não pode mais colocar as enfermidades dele sobre você.

Se você é um cristão nascido de novo, pode declarar verdadeiramente: "Pelas suas feridas estou curado."

O QUE FAZER DEPOIS DA IMPOSIÇÃO DAS MÃOS

1. Você agiu de acordo com as palavras de Jesus. "Estes sinais acompanharão os que crerem [...] imporão as mãos sobre os doentes, e estes ficarão curados" (Marcos 16.17,18). Como cristão, talvez você tenha colocado as mãos sobre a sua cabeça para cura, ou talvez isso tenha sido feito por outro cristão. Em qualquer dos casos, você pode ter muita certeza de que acontecerá o que Jesus prometeu, pois ele cumpre sua Palavra. Esta é uma promessa muito positiva: você ficará curado. Jesus não disse: "Você poderá ficar curado", ou "Talvez você seja curado", ou "É possível que haja recuperação". Não! Sem reservas, Jesus declarou: "Você ficará curado!". Louve o Senhor porque você está sendo curado agora!

2. Se você não recebeu um milagre instantâneo, não jogue fora sua confiança. Quando Jesus andou sobre a terra e curou pessoas de diversas maneiras: muitos foram curados instantaneamente; outros foram curados gradualmente. Quer você seja curado instantaneamente quer por meio de um processo gradual, você pode prosseguir louvando a Deus com confiança porque ele está cumprindo sua palavra com você.

3. Comece a confessar sua cura: — Estou sendo curado. Jesus disse, e eu creio em sua palavra. Eu não me importo com as

A cura do câncer | 125

aparências, com o que sinto ou com o que os outros pensam. Eu aceitei a palavra de Jesus ao pé da letra: estou sendo curado.

4. Tiago 1 declara que, quando você pede a Deus alguma coisa, precisa pedir com fé, não duvidando: "Pois aquele que duvida [...] não pense tal pessoa que receberá coisa alguma do Senhor" (Tiago 1.6,7). Coisa alguma inclui a cura. Seu papel nesse drama da fé é possuir confiança inabalável de que o Senhor cumprirá sua palavra. Se você vacilar em sua fé, então não receberá a cura do Senhor. Não vacile em sua confissão de fé. Confesse que pelas feridas dele você está curado.

5. Até que sua cura esteja totalmente manifesta, você estará ocupado numa luta de fé. Não é uma luta contra Deus e sua Palavra, mas uma luta contra o ladrão que veio para matar, roubar e destruir você (João 10.10). Nesse conflito, use as armas de guerra que você tem e que são poderosas em Deus para derrubar as fortalezas satânicas. Confesse com ousadia, não duvidando: "Pelas suas feridas fui curado!".

6. Aja como se estivesse experimentando a cura. Comece a fazer coisas que não fazia antes. Louve o Senhor porque está sendo curado. Quando outros perguntarem sobre suas condições, simplesmente diga a eles que você está sendo curado, porque Jesus o disse.

7. O Diabo não quer que você seja curado. Eis como deve lidar com ele: — Satanás, eu resisto a você em nome de Jesus, pois está escrito: "imporão as mãos sobre os doentes, e estes ficarão curados" (Marcos 16.18). No poderoso nome de Jesus, estou sendo curado.

8. Deus não faz acepção de pessoas. Milhares de pessoas já foram curadas por intermédio do ministério da imposição das mãos. O que Deus fez por outros, está fazendo por você! Louve-o agora por sua saúde!

Capítulo 14

COMO NÃO RECEBER O QUE VOCÊ DIZ

Lembro-me de uma época no começo do meu ministério quando minhas orações não eram respondidas, quando o fluxo do Espírito não se manifestava claramente. Descobri que isso acontecia porque eu tinha dado lugar a bloqueios espirituais dentro de mim, que impediam a ação do Espírito Santo.

Meu problema era muito sério. Um ministro mais velho aparentemente tinha determinado destruir o meu ministério. Ele me criava um problema depois de outro, lançando falsas acusações contra mim e espalhando histórias mentirosas a meu respeito. Eu me sentia completamente miserável.

Um dia, um ministro amigo veio me ver. — Don — ele disse —, estou vendo o que essas acusações estão causando a você e a seu ministério. Vou dar-lhe este cheque e quero que você o use para publicar uma explicação contra as acusações mentirosas que esse homem está fazendo contra você. Ele o está arruinando.

Eu concordei. Durante muitos dias, trabalhei escrevendo um texto para me vingar, o que abertamente revelaria quem era aquele homem na verdade, um destruidor de reputações. Durante todo o tempo em que eu estivera atacando intimamente aquele ministro, tentando colocar no papel declarações que me defenderiam, estava alvoroçado. Não tinha paz. Até mesmo minhas orações pareciam sair dos lábios, mas não do coração.

Finalmente, eu sucumbi sob o peso daqueles espíritos do erro. Tive um encontro com Deus numa oração de profundo quebrantamento, quando confessei que não era o Espírito Santo que operara em minha vida durante aqueles dias quando eu procurava vingança pessoal. Orei pedindo ao Espírito Santo que me orientasse através daquelas trevas.

O Espírito Santo mostrou-me que eu estava errado. Então, minha atitude mudou. Em lugar de odiar aquele homem e tentar me vingar dele, fui novamente cheio pelo Espírito Santo. Descobri que o Espírito Santo concedera o amor de Deus ao meu coração. Cheio do amor de Deus, podia pensar claramente e vi aquele homem através dos olhos de Deus cheios de bondade, perdão e ternura. Essa foi uma das maiores experiências sobrenaturais que eu já tive. O Espírito do Senhor me capacitou a perdoar completamente aquele homem, quando eu, sem o Espírito, o odiara, tentara me vingar dele e tinha todos os motivos para me sentir mal.

A Bíblia nos diz que a vingança é assunto de Deus: "Amados, nunca procurem vingar-se, mas deixem com Deus a ira, pois está escrito: 'Minha é a vingança; eu retribuirei', diz o Senhor" (Romanos 12.19). Deus vinga-se de nossos inimigos porque ele é justo e porque nos ama. Contudo, um espírito que não perdoa é tão destrutivo que somos advertidos de que, quando Deus assume vingar-se de nossos inimigos, nós não devemos nos alegrar com isso! "Não se alegre quando o seu inimigo cair, nem exulte o seu coração quando ele tropeçar, para que o Senhor não veja isso e se desagrade e desvie dele a sua ira" (Provérbios 24.17,18).

128 | Há poder em suas palavras

Durante o período em que eu planejava refutar o ministro que me fizera mal, estava desobedecendo à ordem de Jesus: "Não resistam ao perverso. Se alguém o ferir na face direita, ofereça-lhe também a outra" (Mateus 5.39). Mas não só estava desobedecendo a um dos expressos mandamentos de Deus, como também estava impedindo-o de me perdoar, uma vez que "se perdoarem as ofensas uns dos outros, o Pai celestial também perdoará vocês. Mas, se não perdoarem uns aos outros, o Pai celestial não perdoará as ofensas de vocês" (Mateus 6.14,15). Não foi por menos que minhas orações eram impedidas! Eis por que Jesus disse: "E, quando estiverem orando, se tiverem alguma coisa contra alguém, perdoem-no, para que também o Pai celestial perdoe os seus pecados" (Marcos 11.25).

O ódio, a ira, a inveja, a falta de perdão e emoções semelhantes fazem-nos mais mal do que à pessoa que nos prejudicou. Eis por que, se nossa fé é forte e nossa oração perseverante, só resta uma coisa que pode impedir nossas orações: o pecado do qual não nos arrependemos. Isaías 59.1,2 diz: "O braço do Senhor não está tão encolhido que não possa salvar, e o seu ouvido tão surdo que não possa ouvir. Mas as suas maldades separaram vocês do seu Deus; os seus pecados esconderam de vocês o rosto dele, e por isso ele não os ouvirá". Que condição terrível para um cristão se encontrar incapaz de conversar com Deus! Quando compreendemos o que nosso ressentimento nos faz, vemos que é muito melhor permitir que nossos inimigos fiquem impunes do seu crime, perdoando-os, em lugar de guardar ressentimentos e nos separar de Deus. Deus conhece o coração de nossos inimigos — se o mal foi intencional, Deus retribuirá.

Quando você compreender o poder destrutivo da vingança, será capaz de pedir a Deus que o mantenha livre do ressentimento em todas as suas formas. Que é possível ficar verdadeiramente livre de tais sentimentos, eu sei, não só pela experiência pessoal, mas também pelas Escrituras. Em Atos 13, temos a história de dois firmes servos de Deus, ambos homens cheios do Espírito. Paulo e Barnabé pregavam e ensinavam em Antioquia. Paulo disse aos gentios de lá que ele e Silas foram a Antioquia porque Deus os enviara para serem luz e levarem a salvação aos confins da terra. Quando os gentios ouviram isso, alegraram-se e glorificaram a Deus, e todos os que creram receberam o Espírito e foram destinados à vida eterna. Os judeus, entretanto, incitaram homens e mulheres piedosos contra Paulo e Barnabé, que os expulsaram da cidade. Paulo e Barnabé partiram, cheios de alegria e do Espírito Santo!

Paulo e Barnabé não tiveram desejo de vingança. A vida cheia do Espírito não procura isso, mas alegremente reflete a presença de Deus. As palavras de Paulo eram ousadas quando falava de Cristo. Porque falava aquelas palavras, recebeu desprezo e repulsa. Ele sabia, entretanto, que o Espírito Santo lhe prometera poder, por isso jamais hesitou em falar a Palavra. Isso é o que acontecerá com você, quando se encher do Espírito.

COMO VENCER A FALTA DE PERDÃO

Faça disso uma declaração de fé pessoal. Você possuirá o que confessar. Quando você declara o que Deus diz sobre esse assunto vital, possui o que Deus providenciou para você: a capacidade divina de perdoar a todos.

1. Se eu perdoar aos homens suas transgressões contra mim, meu Pai celestial também perdoará as minhas transgressões contra ele (Mateus 6.14). Mas, se eu não perdoar aos homens as suas transgressões contra mim, terei de enfrentar consequências muito mais sérias do que imagino: "o Pai celestial não perdoará as ofensas de vocês" (Mateus 6.15).

130 | Há poder em suas palavras

2. Se abrigo falta de perdão em meu coração para com os outros, apesar dos erros que praticaram contra mim, abro o coração para permitir que sete outros espíritos mais perversos do que a falta de perdão entrem nele (Lucas 11.26). Eis sete outros espíritos que são parentes da falta de perdão, mas são ainda mais perversos: Ressentimento, Má Vontade, Rancor, Malícia, Vingança, Amargura, Ódio.

3. Quando examino essa lista de sete outros espíritos mais perversos do que a falta de perdão, percebo que são progressivamente degradantes. Como posso ser liberto da falta de perdão? Como posso resistir a esses espíritos maus em nome de Jesus, para que me deixem? "Sejam bondosos e compassivos uns para com os outros, perdoando-se mutuamente, assim como Deus os perdoou em Cristo" (Efésios 4.32). A benignidade é um fruto do Espírito, que, ao lado da compaixão, capacita-me a perdoar a todos os que me fizeram mal, como Deus me perdoou por amor a Cristo.

4. Se tenho um desentendimento com alguém, devo perdoá-lo. Como Cristo me perdoou, eu também perdoo aos outros (Colossenses 3.13). A Palavra de Deus é tão prática e poderosa: mostra-me o que fazer mesmo quando me envolvo numa briguinha insignificante.

5. A capacidade divina em mim de perdoar os outros é sem limites. Jesus ordenou que eu perdoasse até "setenta vezes sete", dando a entender que possuo não uma capacidade natural, mas sobrenatural, para perdoar os outros.

6. Os maiores problemas que enfrento na vida talvez estejam relacionados com pessoas. Vivo num mundo em que a comunicação pode ser interrompida e a comunhão cortada; a perseguição e a oposição podem

constituir a minha porção. Mas eu conheço o segredo. Tenho a capacidade de amar com o amor de Deus. Seu amor me capacitará a ver os outros através dos olhos da compaixão e do terno amor.

7. Eu me recuso a falar com falta de delicadeza àqueles que me fizeram mal. Deus me capacita a perdoar e esquecer. "Sete outros espíritos" podem muitas vezes procurar entrar em minha vida, mas eu resisto a eles firmemente em nome de Jesus!

Alguns dizem: — Eu perdoo os outros, contanto que me peçam perdão. — Quer peçam perdão quer não, do fundo do meu coração, eu perdoo e coloco todas as ofensas sob o sangue de Jesus. Na pessoa de Jesus, eu perdoo os outros. Pelo poder libertador do sangue de Jesus, fico livre dos "sete outros espíritos".

Capítulo 15
COMECE A FALAR!

Alguns anos atrás, eu me encontrava na Ásia, trabalhando entre os maometanos de lá. Tentava levá-los a Jesus Cristo. Explicava-lhes que Jesus é o Filho do Deus vivo, que ele é o único meio pelo qual a humanidade pode ser salva. Eu tinha posto todo o meu coração no trabalho. Esforçava-me em andar diariamente com Deus e em agradar-lhe, mas tudo me parecia difícil. Um empecilho após outro aparecia em meu caminho. O trabalho não parecia prosseguir.

Um dia chegou um telegrama de minha esposa que estava no Canadá. Para aumentar meus problemas ali na Ásia, o telegrama trazia notícias pessoais muito desanimadoras. Desesperadamente, eu precisava que Deus assumisse a remoção de todos aqueles obstáculos que só ele podia entender. Embora nossa compreensão humana de toda uma situação sempre seja limitada diante de nossa visão estreita do quadro e de nossa limitada percepção do que está acontecendo, Deus, o Onisciente, está vendo tudo! Ele sabia o que estava acontecendo na Ásia. Ele sabia o que estava acontecendo com minha família no Canadá.

Eu tinha de falar com Deus. Pedi-lhe que viesse e se colocasse em primeiro plano, deixando-me na retaguarda. Eu não tinha respostas para os muitos problemas que me confundiam.

Minhas orações deram resultado. Minha vida pessoal aquietou-se quando confiei em Deus para resolver os problemas em minha família e acudir as minhas limitações no esforço de alcançar os maometanos. Ele o fez.

Há alguns dias encontrei, entre os meus papéis, a caderneta na qual anotei minha oração básica quando me preparava para apresentar ao meu Pai celestial a necessidade desesperada daquela ocasião. Do Salmos 116.1 extraí o seguinte: "Eu amo o Senhor, porque ele me ouviu".

Como você se sente quando ama alguém a quem conhece? Se ficasse proibido de falar para sempre com essa pessoa, como ficaria triste! Se a restrição fosse anulada e recebesse novamente permissão de falar com ela, como ficaria feliz! É o que exatamente acontece em nosso relacionamento com Deus, se o amamos de verdade. Se o amamos, queremos conversar com ele. Queremos procurar sua ajuda em nossa vida. Queremos que saiba quanto o amamos, exatamente como queremos que nossos queridos aqui na terra saibam que os amamos. Queremos dar-lhe presentes, como queremos dar presentes aos nossos queridos aqui na terra. Queremos contar aos outros as suas maravilhosas qualidades, como ficamos orgulhosos em publicar as qualidades notáveis daqueles com os quais nos importamos aqui. Mas, acima de tudo, queremos ficar perto dele, falar com ele, ouvi-lo, se realmente o amamos. Esse "falar com Deus" é a oração.

Quando eu era criança, orava a Deus para que mantivesse nosso lar unido. Apesar de todas as indicações do contrário, foi o que o Senhor fez! Nosso lar, embora muitas vezes ameaçado por um desmoronamento permanente e pelo divórcio, foi mantido apenas pelo milagre da oração respondida. Eu orava ao Senhor que salvasse toda a nossa família; e seus membros

134 | **Há poder em suas palavras**

foram classificados por muitas pessoas como os mais endurecidos pelo pecado, indiferentes, insensíveis, improváveis candidatos que já enfrentaram o Senhor! Mas essa é a especialidade de Jesus, salvar pecadores, exatamente como fez com minha família. Se por meio da oração o Senhor salvou a minha família, você pode animar-se com a possibilidade de, ainda que empedernida, sua família ser ganha para Jesus Cristo.

Quando jovem ministro batista, orei fervorosamente para que Deus me transformasse naquele tipo de ministro que ele quisesse que eu fosse. Eu não sabia que ele responderia à minha oração batizando-me no Espírito Santo e dando-me um ministério ungido de libertação nos anos seguintes.

Orei a Deus que me abrisse as portas num ministério pelo rádio. Ele respondeu positivamente. Ele me deu o privilégio e a responsabilidade de partilhar o evangelho pelo ar em 89 diferentes nações espalhadas por todo o mundo.

Como orei que o Senhor me transformasse num ganhador de almas! Eu o louvo porque respondeu a essa oração usando-me para ajudar a levar milhares de pessoas a ele, tendo o prazer de conduzi-las ao Salvador. Louvado seja Deus por sua maravilhosa resposta àquela oração, pois significa que aquelas almas viverão no céu por toda a eternidade!

Orei a Deus para que cada um dos meus filhos aceitasse Jesus Cristo pessoalmente como Salvador, e foi o que ele fez. Todos eles foram batizados pelas águas e no Espírito Santo.

Além de ser um privilégio bendito, a oração é também, conforme vamos conhecendo Jesus, o próprio alento da vida cristã. Quando a respiração cessa, a vida também cessa. Quando a oração cessa, acaba a vibração de uma vida espiritual cristã.

Alguns anos atrás, o Espírito Santo revelou-me o poder e a autoridade que temos em Jesus. Durante aquele período, eu pregava diariamente na estação de rádio de Lodi e Modesto, na Califórnia. Foi então que fiquei sabendo que Jesus nos dera o direito de fazer as obras que ele fez — realmente, ele prometeu que o faríamos! Ele diz em João 14.12-14: "Digo a verdade: Aquele que crê em mim fará também as obras que tenho realizado. Fará coisas ainda maiores do que estas, porque eu estou indo para o Pai. E eu farei o que vocês pedirem em meu nome, para que o Pai seja glorificado no Filho. O que vocês pedirem em meu nome, eu farei".

Durante os anos que se seguiram, tenho partilhado com multidões de cristãos os nossos direitos e privilégios na reivindicação da autoridade que Jesus nos deu. Colossenses 3.17 adverte: "Tudo o que fizerem, seja em palavra, seja em ação, façam-no em nome do Senhor Jesus, dando por meio dele graças a Deus Pai". Quando o fizemos, doentes foram curados. Demônios foram expulsos. A salvação veio àqueles que antes rejeitavam Deus. E tudo por meio da invocação do nome do Senhor Jesus.

Nenhum homem faz essas coisas. Só Jesus Cristo pode e faz essas coisas. Mas ele usa homens como canais por meio dos quais as palavras saem e levam outros a ele. As palavras fazem esses milagres por meio de Cristo. Quando encontramos alguma condição de vida aparentemente imutável, insuportável, percebemos que a tragédia está presente naquelas vidas. Meditamos. Cremos. Falamos com Deus. Vamos ao seu trono em oração, baseando nossas palavras em nossa fé de que Deus está ouvindo, que ele responderá. Nossas palavras saem, procurando ajuda para nós mesmos e para os outros que tenham necessidade que Deus cure o nosso espírito, a nossa mente e o nosso corpo. Jesus tornou-se nosso advogado, intercedendo por toda a humanidade diante de Deus.

Logos Magazine [Revista Logos] publicou uma fotografia do casal William Hinderlider, residentes em Los Angeles naquela ocasião. O sr. Hinderlider é membro do conselho de anciãos do Angelus Temple em Los Angeles. Ele atende doentes nos hospitais de Los Angeles e pessoas que o chamam de todo o país. O sr. Hinderlider tem agora 107 anos de idade! E ele dá a Deus todo o crédito de sua longa vida na qual tem sido capaz de servir em nome de Jesus. Ele comprova a resposta às orações.

T. L. Osborn, em seu livro *Young in Faith* [Jovem na fé], revela algumas verdades importantes sobre a permanência constante de nosso desejo e capacidade de estarmos em "boas relações" com Deus. Deus quer que expressemos o desejo de nosso coração a ele em oração. Oh, ele sabe do que precisamos, mas espera nossas palavras reconhecendo que ele é nosso Senhor! Ele espera nossa expressão de fé que declara que ele é capaz de fazer aquilo que prometeu. Ele espera que nós "recobremos" aquelas promessas.

O sr. Osborn observa para espanto seu que algumas pessoas ficam "velhas" — não maduras, simplesmente "velhas" — na sua fé numa idade física tão jovem. Por causa de sua atitude relaxada para com a oração, muitas pessoas de meia-idade ficam cansadas na fé. Isso acontece porque não há nenhuma infusão do Espírito Santo, a espécie de revitalização que ocorre quando a pessoa, por intermédio da oração, procura novas verdades, novas forças para cada dia, conforme diariamente procura Deus em oração.

O sr. Osborn continua, dizendo que as pessoas que obtêm respostas às suas orações são aquelas que oram.

Superficialmente, pode parecer uma conclusão óbvia. Mas o que o sr. Osborn está dizendo, contudo, é que as orações sem resposta podem ser apenas rituais. Entretanto, as orações que obtêm resposta são motivo de alegria e bênção.

Repetimos, o assunto aplica-se exatamente às nossas palavras. Deus não está interessado em sua crescente eloquência quando falar com ele, quer particular quer publicamente. Deus está interessado na simplicidade e honestidade de sua fé nele. Em Mateus 6.5,6, Jesus disse: "E, quando vocês orarem, não sejam como os hipócritas. Eles gostam de ficar orando em pé nas sinagogas e nas esquinas, a fim de serem vistos pelos outros. Eu asseguro que eles já receberam sua plena recompensa. Mas, quando você orar, vá para seu quarto, feche a porta e ore a seu Pai, que está em secreto. Então seu Pai, que vê em secreto, o recompensará". Jesus dizia que aqueles que oram para serem ouvidos por homens já receberam sua recompensa, pois, tendo orado, já foram ouvidos pelos homens que estavam procurando impressionar. E esse é o fim de sua recompensa. Jesus não está aqui condenando orações públicas; mas está dizendo: — Cuidado com suas motivações quando orar.

Há muitos anos, eu tinha uma querida amiga pentecostal cuja vida era um contínuo testemunho do poder do louvor e da oração. Um dia, quando estava deprimido e achando que sentia muita falta de espiritualidade, eu lhe fiz uma visita. Em sua parede, havia um lindo lema com duas palavras apenas: "Experimente louvar". Parecia-me que Deus estava exatamente olhando para mim em minhas condições precárias e dizendo: — Don, experimente me louvar. — Aquelas palavras falaram-me de forma tão clara e incentivadora!

Segundo minha amiga, aquele lema havia significado muito para ela em sua vida. Seguindo a orientação desse lema, ela criara uma fórmula prática de procedimento para os seus próprios problemas e para seus momentos de desespero e desânimo. Primeiro, orava, pedindo ao Senhor que a ajudasse e a orientasse. Depois, pegava a Bíblia e procurava um pensamento que a orientasse de modo definido em sua dificuldade particular.

138 | Há poder em suas palavras

Como a Bíblia é a Palavra de Deus, geralmente ele falava à sua mente e a seu coração receptivos por meio de um versículo bíblico, dando-lhe a certeza de que ele estava operando por intermédio de sua fé nele. Depois disso, ela não voltava nunca mais a falar-lhe sobre o assunto. — Ficar pedindo a mesma coisa todos os dias parece prova de dúvida — disse ela. — Eu simplesmente lembro a Deus a sua promessa e lhe agradeço a resposta que já está a caminho.

Aquelas palavras faziam toda a diferença na vida daquela senhora querida. Ela mantinha diante de si o conselho do seu lema, apenas aquelas duas palavras. Oferecia seu pedido e louvor a Deus. Depois procurava na Bíblia orientação para o assunto. Em seu coração, ouvia Deus lhe falar de sua Palavra. Em seguida, usava suas próprias palavras só para lembrar a Deus que estava pacientemente esperando pela vontade dele. E ela recebia o que dizia!

É bom orar em períodos de dificuldade, mas também podemos louvar a Deus quando a oração parece falhar. Tais palavras de louvor são um deleite para Deus, pois ele sabe que estamos expressando nossa fé contínua nele e nossa contínua confiança. Foi essa a experiência de Habacuque, fiel profeta de Deus, pois ele orou: "Até quando, SENHOR, clamarei por socorro, sem que tu ouças?" (Habacuque 1.2). Mas, quando ele começou a louvar a Deus, foi confortado em espírito a ponto de poder declarar: "Mesmo não florescendo a figueira e não havendo uvas nas videiras, mesmo falhando a safra de azeitonas e não havendo produção de alimento nas lavouras, nem ovelhas no curral, nem bois nos estábulos, ainda assim eu exultarei no SENHOR e me alegrarei no Deus da minha salvação" (Habacuque 3.17,18).

Muitas pessoas são "técnicas em pedir", mas não são "bem-sucedidas em receber". Quando pedimos algo ao Pai, devemos então começar a aguardar a resposta, antes mesmo de ver ou sentir as evidências. Ou oramos com fé, ou então é de todo inútil orar, pois "a fé é a certeza daquilo *que esperamos* e a prova das coisas *que não vemos*" (Hebreus 11.1). Se já pudéssemos ver os resultados daquilo por que estivemos orando, não precisaríamos mais pedir a Deus. Temos de crer que Deus nos ouve, mesmo quando todas as coisas à nossa volta parecem indicar o contrário.

Se você está orando em nome de Jesus e continua não recebendo a resposta às suas orações, não está tendo o suprimento de suas necessidades, nem conseguindo a realização de atos sobrenaturais em seu benefício, pode ser que esteja usando simplesmente uma forma de oração sem poder. Marcos 11.25 adverte que você deve se aproximar de Deus em oração com amor e perdão em seu coração: "E, quando estiverem orando, se tiverem alguma coisa contra alguém, perdoem-no, para que também o Pai celestial perdoe os seus pecados". Jamais procure vingar-se daqueles que maltrataram você. Isso bloqueará suas orações. Purifique-se e eleve aqueles que o maltrataram em oração diante de Deus. Ore em favor de cada um deles, citando-os pelo nome, e pratique as palavras do perdão. Como sempre, suas palavras farão que o perdão seja verdadeiro. O que você declara com frequência e afirma a si mesmo transforma-se naquilo em que você crê. Sua fé determina seus atos e transforma-se em seu modo de vida.

Repetir as Escrituras para si mesmo dará começo ao processo, mas finalmente, para o atendimento de suas necessidades e sua salvação e para receber força espiritual diariamente, você tem de começar a falar com Deus. Quando você descobrir que ele, acima de todos os outros, é seu Amigo, nunca mais vai deixar de conversar com ele enquanto ele lhe conceder a capacidade de respirar para poder orar.

140 | Há poder em suas palavras

As palavras que você proferir farão toda a diferença, com a vantagem de que você começará a colher enquanto caminhar pela vida, conversando com Deus!

Você deve pedir aquilo que deseja obter.

LOUVE O SENHOR A QUALQUER PREÇO!

"Bendirei o Senhor o tempo todo! Os meus lábios sempre o louvarão" (Salmos 34.1).

1. Você sente a alegria do Senhor em sua alma? Louve o Senhor! Ou você se sente vazio por dentro, ou pior, você se sente deprimido? Louve o Senhor a qualquer preço!

   É o "sacrifício de louvor" contínuo a Deus que lhe é ordenado oferecer (Hebreus 13.15). "Sacrifício de louvor" significa louvar ao Senhor a qualquer preço, especialmente quando você não tem vontade!

2. Seus filhos estão todos salvos? Louve o Senhor! Ou há algum que ainda está perdido no pecado? Louve o Senhor a qualquer preço! Deus promete que, crendo, TODA a sua casa será salva (Atos 16.31). Louvar o Senhor pela salvação deles, antes de vê-los no aprisco, é evidência de que você realmente crê!

3. Todas as suas contas são pagas em dia? Louve o Senhor! Ou você anda perseguido por problemas financeiros? Louve o Senhor a qualquer preço! O louvor ativa a promessa divina de abundância de dinheiro para suprir todas as suas necessidades. Louve-o enquanto afirma: — Deus está suprindo agora todas as minhas necessidades (Filipenses 4.19).

   Repita sete vezes: — Obrigado, Pai, por tuas riquezas.

4. Você está desfrutando de boa saúde? Louve o Senhor! Ou está tendo problemas de saúde? Louve o Senhor a qualquer preço! A cura é recebida pela fé, e o louvor é a linguagem da fé. "Vá! Como você creu, assim acontecerá!" (Mateus 8.13).

5. O tempo está bom, como você gosta? Louve o Senhor! Ou está fazendo um mau tempo? Louve o Senhor a qualquer preço! "Este é o dia em que o SENHOR agiu; alegremo-nos e exultemos neste dia" (Salmos 118.24).

6. Você tem verdadeiros amigos, que o incentivam em períodos de crise? Então seja como Paulo. Quando ele viu seus amigos a caminho da prisão em Roma, "deu graças a Deus e sentiu-se encorajado" (Atos 28.15). Mas talvez você esteja experimentando problemas com pessoas que lhe fazem oposição, que o desprezam, que o desapontam. Louve o Senhor a qualquer preço!

7. Louve o Senhor a qualquer preço! Por quê? "Sabemos que Deus age em todas as coisas para o bem daqueles que o amam, dos que foram chamados de acordo com o seu propósito" (Romanos 8.28). Não deixe de receber o que Deus planejou, louvando o Senhor só pelas coisas que você rotula de "bênçãos". Sua ordem é: "Deem graças em todas as circunstâncias, pois esta é a vontade de Deus para vocês em Cristo Jesus" (1Tessalonicenses 5.18).

Capítulo 16

NADA A TEMER ALÉM DO MEDO

Franklin Delano Roosevelt disse ao povo norte-americano que "nada temos a temer além do próprio medo". Sua declaração contém mais verdade do que a maioria das pessoas percebe. Você sabia que o medo tem poder criativo? Tem o poder de criar a coisa que tememos, exatamente como a fé tem o poder de criar as coisas nas quais cremos. Eis por que Jó disse: "O que eu temia veio sobre mim" (3.25).

Com muita frequência, a coisa que tememos nos sobrevém. Os médicos nos dizem que, frequentemente, são as pessoas que temem o câncer que pegam o câncer. Explicam isso dizendo que possivelmente o câncer em parte seja psicossomaticamente induzido — mas eu o explico dizendo que o câncer, exatamente como as demais coisas, segue as leis divinas da fé. Você recebe o que diz.

Se você diz: "Acho que não posso escapar disso. Minha mãe teve, os parentes por parte do meu pai tiveram, e estou com medo de ter também", você vai tê-lo — seja o que for. Isso acontece porque o medo é crer que alguma coisa ruim vai acontecer. O medo consiste em crer em alguma coisa ruim. O medo não passa de fé em alguma coisa que você não quer que aconteça.

Nada a temer além do medo | 143

Exatamente como nós usamos a palavra "fé" para expressar a crença em alguma coisa boa, usamos a palavra "medo" para expressar a crença em alguma coisa ruim. Eis por que o medo cancela a fé, e a fé cancela o medo.

De um modo muito real, duvidar é uma forma de medo: é ter medo de que a coisa que você deseja não aconteça. Isso é evidente desde a ocasião em que Pedro andou sobre as águas. Pedro pediu a Jesus que o chamasse para andar sobre as águas, e Jesus disse a Pedro que viesse para perto dele. Então Pedro andou por sobre as águas e foi ter com Jesus. "Mas, quando reparou no vento, ficou com medo e, começando a afundar, gritou: 'Senhor, salva-me!' Imediatamente Jesus estendeu a mão e o segurou. E disse: 'Homem de pequena fé, por que você duvidou?'" (Mateus 14.30,31). Aqui, Pedro "ficou com medo", e Jesus disse que ele "duvidou".

Numa recente notícia publicada no mundo inteiro pela *United Press Wire Service*, um importante neurologista, dr. Stuart Wolf, fez esta declaração: "Os ataques do coração ocorrem com mais frequência nas pessoas emocionalmente perturbadas, deprimidas ou que estão sem esperanças, evitadas por uma sociedade severa, sem lugar para fugir. A morte súbita geralmente é causada pela melancolia, desânimo e assoberbante medo súbito".

Importantes médicos de todo o mundo declaram nesse artigo que estão experimentando dispositivos que bloqueiem esses impulsos mortais. É digno de nota que o medo foi descoberto ser a principal causa nos ataques fatais de coração. Para mostrar a você exatamente até que ponto o medo é destrutivo, eis mais algumas palavras do dr. Wolf: "Geralmente descobre-se que as vítimas de afogamento não têm água nos pulmões; o paciente só morreu de um coração que falhou como resultado do medo. O mesmo poderia se dizer das pessoas que morrem

144 | Há poder em suas palavras

de mordeduras de cobra, pois já se descobriu que só cerca de 20% das mordeduras de cobra que causaram morte tinham veneno suficiente para matar as vítimas".

Quando consideramos tais fatos surpreendentes, constatados num setor tão respeitável da ciência médica, podemos ver a loucura de se dar lugar ao medo. Realmente, possuindo a vida abundante que Jesus nos deu, além da longa e bendita vida prometida na Bíblia, devemos vencer nossos medos, nossas depressões e nossa atitude mental errada. Isso exige um pouco de conversa com nós mesmos. Podemos afirmar frequentemente:

— Deus não me deu o espírito de medo, mas de poder, de amor e mente sadia.

Pensando na declaração do dr. Wolf sobre como o medo pode literalmente fazer parar o coração e causar morte instantânea, lembrei-me de uma história muito conhecida que ouvi anos atrás. Os calouros de certa faculdade estavam sendo iniciados pelos veteranos. Um jovem teve seus olhos vendados na escola e foi levado pelos veteranos para o pátio de manobras da estrada de ferro. Ali foi firmemente amarrado com cordas aos trilhos, ainda com os olhos vendados. Dizendo ao jovem que o estavam deixando ali para ser atropelado pelo próximo trem, os veteranos foram embora. Só eles é que sabiam, naturalmente, que o jovem estava amarrado a trilhos que não estavam mais em uso. Depois que o trem passou velozmente, os veteranos voltaram aos trilhos, rindo e gracejando por causa do evidente pavor que o jovem deveria ter experimentado. Ele, entretanto, não fora capaz de ver que o trem que se aproximava corria sobre outro par de trilhos. Quando chegaram para desamarrá-lo, para seu desgosto e consternação, o jovem estava morto! Os médicos explicaram que ele, com certeza, literalmente "morreu de medo".

Nada a temer além do medo | 145

Durante anos tenho pregado desafiando os cristãos a viver uma vida livre do medo. Conheço pessoalmente as horríveis consequências de uma vida cheia de medo. Eu fui vítima do medo e conheci o tormento de uma existência medrosa, mas, louvado seja Deus, aprendi que a fé é o antídoto para o medo.

A libertação do medo não vem naturalmente para a maioria das pessoas. Em muitos casos, é algo que você tem de aprender. Edna M. Devin, uma missionária na Ásia durante a Segunda Guerra Mundial, admite como teve de aprender a pôr sua vida inteiramente nas mãos de Deus. Essa inesquecível lição veio por intermédio de Samuel Schwarz, um judeu convertido. Esta é a história de Edna Devin:

> Samuel Schwarz, um judeu austríaco, foi levado a Cristo pelo testemunho de missionários presbiterianos quando ainda não tinha 20 anos. Sua família ortodoxa o expulsou de casa por causa disso. "Sepultaram-no", de acordo com um costume judeu, e daquele momento em diante consideraram-no morto.
>
> Embora Samuel já tivesse considerado que aquela seria a posição de seus pais se aceitasse Cristo, tivera esperanças de poder continuar fazendo parte do lar dos Schwarz. Agora, expulso, com o coração partido, deixou a Áustria, pois fizera sua escolha! Jesus Cristo.
>
> Foi primeiro para a Inglaterra e depois para a Austrália, onde recebeu a plenitude do Espírito Santo. Durante sua longa vida, serviu a Deus e sempre foi uma testemunha fiel de seu Senhor, Jesus Cristo. Foi ali na Austrália que nós, missionários, ficamos conhecendo o sr. Schwarz.
>
> Depois que o Japão entrou em guerra, fomos bombardeados e tivemos de sair de nossa missão. Dirigimo-nos

146 | Há poder em suas palavras

para a Austrália, onde fomos acolhidos no lar dos Schwarz. Jamais nos esqueceremos do grande amor e bondade que nos foi demostrada naquele lar. Enquanto estivemos ali na companhia daquele estimado homem, aprendi uma lição que jamais esquecerei. Certa tarde, enquanto conversávamos, ele me disse algo que desde então tem sido uma bênção para mim muitas vezes.

Estávamos contando à família Schwarz a maravilhosa história de como escapamos de ser capturados pelos japoneses quando não havia nenhuma esperança de fazê-lo por meios naturais. Contamos a eles como Deus nos concedeu paz interior, mesmo quando as bombas caíam dos aviões inimigos explodindo à nossa volta e estilhaços caíam como chuva numa pesada monção.

O sr. Schwarz ouviu-nos contar como vivemos durante aqueles dez dias de bombardeios sem que nenhum de nós fosse ferido. Contamos como Deus providenciou alimento para nós por intermédio de amigos cristãos aos quais tínhamos servido, amigos que arriscaram a vida diariamente para nos ajudar. Contamos como esses mesmos amigos arriscaram novamente a vida para nos ajudar a deixar o país. Contamos a eles do medo que tivemos de perder a vida, minuto a minuto.

Então aquele devoto homem de Deus disse uma coisa que marcou indelevelmente minha mente e coração. — Ah, irmã Devin, Deus é tão maior do que os nossos temores! — Foi uma declaração tão simples, mas continha a libertação de qualquer medo que jamais pudesse nos atacar.

Muitas vezes, no decorrer de nossa conversa, enquanto estivemos com a família Schwarz, falamos sobre o futuro de nossa obra missionária à luz das condições da guerra. Quando eu começava a sentir medo do que pudesse acontecer, sempre ouvia as palavras de Samuel Schwarz, palavras que eram como orvalho caído do céu para minha alma sedenta: — Ah, Deus é muito maior do que os nossos temores!

A verdade atingiu o seu objetivo. Percebi que, enquanto eu permanecesse em Deus, não precisava ter medo. Lemos que o medo é uma falta de confiança em sua grandeza, uma falta de amor. De acordo com Apocalipse 21.8, o medo que o mundo conhece pode separar-nos de Deus. Nesta era atômica, o temor do que está por vir está pesando e preocupando o coração de muitos. E fora de Deus é para ter medo mesmo.

A reação natural de qualquer corpo normalmente sadio é o medo de qualquer coisa que possa provocar morte, dor ou destruição. Nenhum homem nasce sem medo. Mas, em nosso Senhor Jesus Cristo, encontramos a calma para nossos temores quando dizemos: — Deus é maior do que os nossos temores. — Quanto mais o amamos e quanto mais nos aproximamos dele, mais falamos com ele, menos medo sentimos. Receber nossa coragem de Deus é o que liberta nossa mente e espírito e até faz nosso corpo funcionar melhor.

Há muitos diferentes tipos de medo, mas a Bíblia diz que "Deus não nos deu o espírito de temor" (2Timóteo 1.7, ACF). Então de onde vem o espírito de temor? Quem é o oponente de Deus? Quem é o seu adversário? Quem tenta criar em nós todos os sentimentos que nos separarão de Deus e da sua paz? Só pode haver uma resposta: o Diabo. Enquanto o Diabo consegue evitar que repitamos as palavras de Isaías 41.10: "Por isso não tema, pois estou com você; não tenha medo, pois sou o seu Deus. Eu o fortalecerei e o ajudarei; eu o segurarei com a minha mão direita vitoriosa", ele nos mantém prisioneiros.

148 | Há poder em suas palavras

Muitos estão oprimidos pelo temor da morte, o temor de alguma doença, o temor da calamidade, o temor da velhice e assim por diante; temor de toda e qualquer situação concebível na vida. Mas devemos perceber que foi o Diabo, não Deus, quem nos deu esse espírito de temor.

Felizmente, Deus jamais nos abandona sem instruções e esperanças. Sua Palavra pode nos libertar de todos os nossos temores, sejam quais forem. Em 1João 4.18, encontram-se palavras que possuem a chave da vitória sobre o temor: "No amor não há medo; ao contrário o perfeito amor expulsa o medo". Perfeito amor? Só um foi o perfeito amor. Foi Jesus Cristo: seu Pastor, seu Supridor, seu Defensor, seu Doador de Coragem, seu Salvador! Mas você tem de dizer as palavras que tornam conhecida sua escolha: temor do Diabo, ou paz e plenitude com Deus.

Recentemente, li numa revista nacional um questionário enviado a várias centenas de estudantes universitários. O questionário procurava descobrir resumidamente os pensamentos dos estudantes sobre a vida e o seu significado. Das muitas respostas recebidas, 60% daqueles jovens citavam o temor como seu sentimento dominante. É uma pena que jamais tenham aprendido: "Não temas, pois estou com você".

Anos atrás, Herschel Murphy, do Texas, fazia parte de nosso grupo de evangelismo. Ele não era só um ministro, mas também solista. Qualquer um que o ouvisse cantar "Entregue seus fardos ao Senhor e os deixe com ele", jamais esqueceria. Ele tinha algumas notáveis observações a fazer sobre o medo:

— Como sempre aconteceu, existe gente hoje em dia que está literalmente "morrendo de medo". Fantasmas do passado as assaltam, o medo do futuro as paralisa, enquanto a desesperança do presente as deixa entorpecidas. Vivem atormentadas e confusas, apoquentadas e exasperadas, opressas e deprimidas, abatidas e derrotadas. Que força destrutiva é o medo!

Davi disse: "Em Deus eu confio e não temerei" (Salmos 56.4). Por meio de suas ações, muitas pessoas hoje em dia parecem dizer o inverso: — Eu não confio em Deus e temerei. Certamente as dúvidas e os temores me seguirão todos os dias da minha vida; temerei toda sorte de males, porque tu não estás comigo. — Tais pessoas estão amarradas e agrilhoadas por miríades de legiões de temores que as atormentam dia e noite.

Deus fica triste quando vê e ouve que suas criaturas confiam tão pouco nele. Ele é o nosso Pai. Ele deseja nos ouvir, dizendo: — Conheço a fonte de minha força e coragem.

RESISTINDO AO DIABO

Tiago 4.7 diz: "Resistam ao Diabo, e ele fugirá de vocês". Eis como você pode resistir ao Diabo e receber libertação diária dos grandes Ds do Diabo, todos os quais podem ser acarretados por um estado de espírito cheio de temor:

1. Investigue os esquemas do Diabo.

2. Discorde do Diabo e concorde com Deus.

3. Use o nome de Jesus. "Em meu nome expulsarão demônios" (Marcos 16.17).

4. Recite a Palavra de Deus com ousadia. "Eles o venceram pelo sangue do Cordeiro e pela palavra do testemunho que deram" (Apocalipse 12.11).

OS Ds DO DIABO

DERROTA — "Mas em todas estas coisas somos mais que vencedores, por meio daquele que nos amou" (Romanos 8.37).

DOENÇAS — "Bendiga o Senhor a minha alma! [...] É ele que [...] cura todas as suas doenças"(Salmos 103.1,3).

DESESPERANÇA — "Não tenham medo nem desanimem"(Deuteronômio 1.21).

DESESPERO — "Que diremos, pois, diante dessas coisas? Se Deus é por nós, quem será contra nós?"(Romanos 8.31).

DÍVIDAS — "O meu Deus suprirá todas as necessidades de vocês, de acordo com as suas gloriosas riquezas em Cristo Jesus"(Filipenses 4.19).

DESÂNIMO — "Deleite-se no Senhor, e ele atenderá aos desejos do seu coração"(Salmos 37.4).

DESOLAÇÃO — "Ninguém que nele se refugia será condenado"(Salmos 34.22).

DESTRUIÇÃO — "O ladrão vem apenas para roubar, matar e destruir; eu vim para que tenham vida e a tenham plenamente"(João 10.10).

DEVASTAÇÃO — "O Diabo, o inimigo de vocês, anda ao redor como leão, rugindo e procurando a quem possa devorar. Resistam-lhe, permanecendo firmes na fé" (1Pedro 5.8,9).

DESAPONTAMENTO — "Sabemos que Deus age em todas as coisas para o bem daqueles que o amam, dos que foram chamados de acordo com o seu propósito" (Romanos 8.28).

DESONESTIDADE — "Renunciamos aos procedimentos secretos e vergonhosos"(2Coríntios 4.2).

DISSENSÃO — "Como é bom e agradável quando os irmãos convivem em união!" (Salmos 133.1).

DESALENTO — "Alegrem-se sempre no Senhor. Novamente direi: Alegrem-se!" (Filipenses 4.4).

DÚVIDAS — "Não se preocupem com isso" (Lucas 12.29); "Creio em Deus que acontecerá conforme me foi dito" (Atos 27.25).

Capítulo 17

A PESSOA QUE FALTA

Um evangelista tinha acabado de concluir um culto numa cruzada que estava dirigindo. Geralmente, depois de cada culto, conversava e aconselhava as pessoas que vinham procurá-lo com problemas pessoais.

Nessa noite, a sra. Meyers, mãe de dois rapazes, veio com toda a sinceridade em busca de ajuda. Disse ao evangelista: — Meus dois filhos não são cristãos. Já estão quase adultos, e sinto-me tão infeliz sobre sua indiferença para com Deus. Há muitos anos que oro por eles — ela comentou —, e ainda não foram salvos. Por favor, seja honesto comigo e diga-me por que eles não se aproximam de Deus.

É difícil estabelecer um relacionamento pessoal bastante íntimo, num curto período de tempo, para responder a uma pergunta de tal profundidade, mas o evangelista começou a perguntar: — Seu marido é salvo?

— Oh, sim! — ela respondeu. — Ele é um excelente cristão.

Então ele perguntou: — Vocês realizam o culto doméstico em casa?

— Sim — foi a resposta. — Além disso, damos graças em todas as refeições e vamos à igreja todos os domingos; raramente faltamos ao culto. Apesar de tudo isso — ela continuou — e, apesar de orar, meus filhos não se entregam a Deus.

O ministro percebeu que essa mulher estava sendo sincera. Sentia que a falta de resposta às suas orações relacionava-se com ela, não com seus filhos. — Sra. Meyers — disse ele depois de uma pequena pausa —, a senhora realmente quer saber a verdade? Talvez doa. Quer que eu seja realmente franco?

— Sim — ela respondeu —, realmente quero saber, pois isso tem constituído um fardo contínuo em minha vida.

— Então lhe direi. Falta uma Pessoa em sua vida. Seus filhos não foram salvos porque seus olhos estão secos. A senhora não pode ser o instrumento da salvação de seus filhos. Só a terceira Pessoa da Trindade — o Espírito Santo — pode fazer isso. Para que ele possa fazê-lo, a senhora tem de pedir a Jesus que envie o Espírito Santo para encher a sua própria vida; então, quando orar, ele falará com os seus filhos e os tornará cônscios da escolha que têm de fazer: viver com Deus ou viver sem Deus.

A sra. Meyers abaixou a cabeça e respondeu humildemente: — Eu sei o que o senhor quer dizer.

Quando chegou em casa naquela noite, aquela mãe fechou-se sozinha em seu quarto e durante horas andou de um lado para o outro. Derramou seu coração quebrantado diante de Deus. Suas palavras de contrição foram ditas em voz alta: — Por favor, meu Deus, sonda meu coração. Perdoa-me porque presumi que eu poderia trazer meus filhos a ti. Enche-me do Espírito Santo, para que ele, não eu, fale aos meus filhos e, então, revele a verdade aos meus dois queridos. — Finalmente, ela sentiu uma paz que nunca experimentara.

Depois que seu coração foi quebrantado, ela chorou, percebendo sua própria incapacidade. Então, e só então, o Espírito Santo deu-lhe uma oração positiva por seus filhos.

154 | **Há poder em suas palavras**

Na manhã seguinte, levantou-se como de costume e preparou o café da manhã para o marido e os dois rapazes. Sua reticência desapareceu quando, orientada pelo Espírito Santo, disse ao seu filho mais velho, enquanto tomavam café juntos: — Ronald, gostaria que você entregasse seu coração a Jesus.

Sem dizer uma só palavra, ele levantou-se e saiu da casa. Silenciosamente a mãe orou: — Agora, Jesus, o problema é com o Senhor. Eu não posso fazer mais nada. Deixo-o nas tuas mãos.

Então voltou-se para o filho mais moço e disse: — John, você também tem estado em meu coração. Você não gostaria de abrir o coração para aceitar Cristo como seu Salvador hoje?

John sentiu a transformação que havia em sua mãe. Sua voz era mais meiga, e havia nela um apelo que nunca percebera antes daquela manhã. — Mamãe — respondeu John diante do convite dela —, eu quero me tornar cristão. Eu entregarei meu coração a Cristo hoje. — Ambos ajoelharam-se lado a lado ali na cozinha. A sra. Meyers derramou seu coração em ação de graças diante de Deus. John também orou. Com simplicidade e sinceridade arrependeu-se de seus pecados e aceitou o Senhor Jesus como seu Salvador. Nasceu de novo ali pelo Espírito de Deus na família dos remidos.

Essa história, entretanto, tem um final ainda mais feliz. Na hora do jantar, Ronald, o filho mais velho, voltou para casa. Sem dizer uma só palavra, foi até sua mãe e abraçou-a. Apertou-a contra o peito.

Antes que tivesse oportunidade de falar, sua mãe exclamou: — Ronald, você nem precisa me contar! Sei que você está salvo. Diga-me o que aconteceu!

— Mamãe — ele disse —, na noite passada, depois que fui para a cama, fiquei com fome. Levantei-me e fui à geladeira procurar alguma coisa para comer. Quando passei pelo seu

A pessoa que falta | 155

quarto, ali vi você conversando com alguém. Parei para ouvir, pois fiquei com medo de que houvesse algo errado. Ouvi você falar com Deus, e você orava de maneira tão diferente. Você implorava a Deus que me salvasse. — Ele prosseguiu, calmamente explicando. — Ouvi sua oração, e algo tocou no meu coração. Percebi então como é horrível ser pecador e não saber como vencer o pecado. Percebi então que precisava de Deus. Quando você me perguntou hoje de manhã a respeito de aceitar Cristo, eu simplesmente não podia responder. Tinha de ficar sozinho. Fui ao campo e orei. O Senhor teve um encontro comigo ali, mãe. Aceitei Jesus como meu Salvador. Ele me deu paz e tenho certeza de que estou salvo.

O "Algo" que tocou Ronald Meyers naquela noite em que ouviu sua mãe orando foi o Espírito Santo. Então o Espírito Santo usou as palavras dela para levar seus filhos na direção de Deus.

O evangelista contou essa história em cultos posteriores na cruzada. Queria enfatizar que as palavras desprovidas do Espírito caem em ouvidos moucos. Mas quando um cristão cheio do Espírito pede em nome de Deus e para sua glória, o poder age por meio do Espírito e não retorna vazio.

Tal como a sra. Meyers, muitos cristãos têm sentido necessidade de mais poder em seu testemunho e na vida pessoal. Mas muitas igrejas não ensinam a seus membros como obter esse poder, embora esteja explicitamente declarado nas Escrituras. Em Atos 1.8, Jesus disse aos seus discípulos: "Receberão poder quando o Espírito Santo descer sobre vocês, e serão minhas testemunhas em Jerusalém, em toda a Judeia e Samaria, e até os confins da terra".

Antes do Pentecoste, o Espírito Santo estava com algumas pessoas, mas não estava nelas. Jesus disse àquelas pessoas: "E eu pedirei ao Pai, e ele dará a vocês outro Conselheiro para

156 | Há poder em suas palavras

estar com vocês para sempre, o Espírito da verdade. [...] vocês o conhecem, pois ele vive com vocês e estará em vocês" (João 14.16,17). Mas, "chegando o dia de Pentecoste", o Espírito Santo ficou à disposição de todos os cristãos. No primeiro sermão que ele pregou depois de receber o batismo do Espírito Santo, Pedro disse a um grupo de judeus: "Arrependam-se, e cada um de vocês seja batizado em nome de Jesus Cristo para perdão dos seus pecados, e receberão o dom do Espírito Santo. Pois a promessa é para vocês, para os seus filhos e para todos os que estão longe, para todos quantos o Senhor, o nosso Deus, chamar" (Atos 2.38,39).

Muitas pessoas acham que o batismo do Espírito Santo é alguma coisa que devem merecer, sendo bons. De acordo com as Escrituras, entretanto, é um dom divino, à disposição de todo cristão que o pede a Deus, exatamente como a salvação. Conforme disse Jesus: "Qual pai, do meio de vocês, se o filho pedir um peixe, em lugar disso lhe dará uma cobra? Ou, se pedir um ovo, lhe dará um escorpião? Se vocês, apesar de serem maus, sabem dar boas coisas aos seus filhos, quanto mais o Pai que está nos céus dará o Espírito Santo a quem o pedir!" (Lucas 11.11-13).

Outras pessoas pensam que, sendo cristãs, automaticamente têm o Espírito Santo, e realmente o têm. Mas, com o batismo do Espírito Santo, receberão ainda mais dele. Sabemos de pelo menos um exemplo depois do Pentecoste em que cristãos nascidos de novo não receberam o batismo do Espírito Santo simultaneamente com sua conversão e precisaram — como muitos cristãos da atualidade — recebê-lo em uma segunda experiência: "Os apóstolos em Jerusalém, ouvindo que Samaria havia aceitado a palavra de Deus, enviaram para lá Pedro e João. Estes, ao chegarem, oraram para que eles recebessem o Espírito Santo, pois o Espírito ainda não havia descido sobre nenhum deles; tinham apenas sido batizados em nome do Senhor Jesus. Então Pedro e João lhes impuseram as mãos, e eles receberam o Espírito Santo" (Atos 8.14-17).

Considerando que o Espírito Santo é um dom que recebemos quando pedimos e muitas igrejas não ensinam às pessoas que há uma experiência chamada batismo do Espírito Santo pela qual podem pedir, muitos cristãos regenerados arrependem-se e são batizados na água sem nunca receber o batismo do Espírito Santo ao qual têm direito. "Não têm, porque não pedem" (Tiago 4.2). A sra. Meyers, embora não por culpa própria, era uma delas. Provavelmente ninguém jamais lhe dissera que precisava do Espírito Santo. Eu não lhe perguntei, mas imagino que talvez até mesmo pensasse que uma cristã regenerada como ela tivesse todo o Espírito Santo que pudesse receber. Felizmente, o evangelista com quem conversou sabia que ela precisava mais.

Um cristão cheio do Espírito é um cristão dinâmico. A palavra traduzida por "poder" vem da palavra grega da qual também obtemos a palavra "dinamite". Assim, uma pessoa torna-se dinâmica depois que recebe a plenitude do Espírito Santo, o poder que Deus lhe concede. Manter a plenitude do Espírito nos torna dinâmicos na vida cristã. Quando Jesus estava ensinado na sinagoga, leu no livro de Isaías o seguinte: "O Espírito do Senhor está sobre mim, porque ele me ungiu para pregar boas-novas aos pobres" (Lucas 4.18). Sabemos que nós também recebemos essa mesma unção do Espírito, pois Jesus disse em João 14.12: "Aquele que crê em mim fará também as obras que tenho realizado. Fará coisas ainda maiores do que estas, porque eu estou indo para o Pai".

Que promessa! Que incumbência! Convém que cada um comece a agir! A Palavra diz. Temos de citá-la. Temos de fortalecer nossa fé repetindo muitas e muitas vezes o que Deus disse.

158 | Há poder em suas palavras

Então isso se transformará em nosso modo de viver. Nada disso pode acontecer em sua plenitude, entretanto, até que abramos nosso coração e recebamos a plenitude do Espírito. Só quando o Espírito habitar em nós é que poderemos ser eficientes em nossa própria vida e na vida dos outros.

Capítulo 18

ELE PODE

Um jovem descobriu um veio de ouro lá no alto das montanhas. Precisava de forças para explorá-lo. Precisava de dinheiro. Precisava de conhecimentos. Lutou e trabalhou e fracassou.

Assentado uma noite depois de um duro dia de trabalho, cansado como nunca, disse para si mesmo: — Vou descobrir qual o problema, por que simplesmente não consigo ir adiante. Eu sei que o ouro está lá, mas não consigo tirá-lo. Acontece que não sei nada a respeito desta rocha. Não sei nada sobre geologia, nem sei muita coisa sobre mineração. Vou descer até a cidade para obter algumas respostas.

Ele desceu à cidade. Assim que chegou, foi procurar o diretor do departamento de mineração da universidade local e apresentou seu caso honesta e francamente ao perito. O professor chamou um engenheiro em mineração ao qual o jovem contou sua história. O engenheiro concordou em ir com ele para ver o veio de ouro e então lhe dar instruções depois de verificar os resultados de testes feitos no local.

Os dois homens levaram cerca de uma semana até chegar ao local. Depois que o engenheiro explorou a montanha e fez certos testes rudimentares do minério, disse: — Há milhões

160 | Há poder em suas palavras

de dólares em ouro aqui! Mas será preciso muito dinheiro para retirar o ouro. Você tem duas escolhas: organizar uma sociedade acionista para levantar dinheiro suficiente a fim de explorar a mina, ou vender esta propriedade. O que você vai fazer? O jovem respondeu sem hesitar: — Vou explorá-la.

Aquele jovem levou um ano em duros treinamentos e estudos. Entregou-se completamente àquilo. Nos longos meses de inverno, exauriu-se até que, quando chegou a primavera, estava preparado. Tinha obtido os conhecimentos necessários.

O veio era tudo aquilo que o engenheiro em minas dissera. Dentro de alguns curtos anos, aquele jovem tornara-se um milionário.

Essa história é uma parábola moderna. Aquele jovem descobriu que possuía uma coisa de grande valor, mas não sabia como chegar até lá, como explorar, como reivindicar suas grandes riquezas. O jovem viu-se, então, diante de uma decisão, uma escolha: assumir ou abandonar. Sua decisão, "Vou explorá-la", fez a diferença. A questão, entretanto, não ficou resolvida aí, pois, depois de enunciar as palavras de sua decisão, teve de agir de acordo com elas. Exigiu estudos, sacrifícios e dedicação. No final do período de preparação, colheu a recompensa por todos os dias que gastou se preparando.

Exatamente o mesmo acontece conosco no que se refere ao lugar que reconhecemos que Deus tem em nossa vida. Você pode descobrir Deus. Isso você faz lendo e ouvindo a Palavra. Você vai a Deus — o único que tem a resposta para sua vida. Estudando, você percebe a grandeza das palavras divinas, mas também percebe suas próprias limitações. Então chega o momento em que você precisa mais do que simplesmente saber a respeito das promessas de Deus. Você tem de decidir: — Vou explorá-las. — A recompensa, muito maior do que os milhões que o jovem extraiu da mina, surgirá à medida que você viver sua vida estudando, dedicando-se e servindo.

Mateus 19.26 diz: "Jesus olhou para eles e respondeu: 'Para os homens é impossível, mas para Deus todas as coisas são possíveis'". Nessas palavras está a resposta para qualquer dilema no qual você possa se encontrar um dia. As palavras que você escolher para crer e citar modelarão sua vida.

Às vezes, quando alguma coisa parece particularmente impossível para mim, digo: — É possível! Para os homens isso é impossível, mas para Deus é possível. Posso todas as coisas em Cristo que me fortalece. Isso não é impossível, mas possível. É possível para ele.

O problema com muitas pessoas é que desejam que Deus cumpra suas promessas facilmente. Em Mateus 7.13,14, Jesus advertiu: "Entrem pela porta estreita, pois larga é a porta e amplo o caminho que leva à perdição, e são muitos os que entram por ela. Como é estreita a porta, e apertado o caminho que leva à vida! São poucos os que a encontram". Jesus Cristo é a porta que leva à vida. Deus espera que todos nós lhe entreguemos nosso ser para que ele possa cumprir suas promessas de toda espécie de riquezas. A maioria de nós justifica nossa incapacidade de receber as coisas que buscamos, dizendo: — Tive uma oportunidade, mas tudo foi contra mim. — Ou: — Não conheci as "pessoas certas". — Essas desculpas são palavras que Deus não deseja ouvir. Deus deseja ouvir-nos dizer: — Para Deus todas as coisas são possíveis.

Certo verão hospedamos o dr. Len Jones, diretor da Missão Eslava e Oriental da Austrália e Nova Zelândia. Esse homem é uma das pessoas mais estimulantes que eu já conheci. Ele é vibrante, otimista e consagrado ao Senhor. Não se cansa de viajar pelo mundo trabalhando para Deus.

162 | **Há poder em suas palavras**

Ali na sala de estar de nossa família, o dr. Jones contou-nos um importante segredo para o seu sucesso na obra de Deus: — Anos atrás, fui ao dicionário e literalmente risquei a palavra "impossível". A Bíblia nos diz: "Para Deus todas as coisas são possíveis". Considerando que para Deus não existe o impossível, e considerando que lhe entreguei minha vida e estou ligado com ele, meu Pai, por que eu daria a menor atenção à palavra "impossível"? Considero que o impossível não existe, pois a Palavra de Deus me diz isso. Quando repito aquelas palavras de Deus, elas se tornam o meu sustento em tudo o que faço.

Mateus 9.27-30 nos apresenta a narrativa de Jesus usando esse princípio com os dois homens cegos que se encontraram com ele quando saía de Nazaré. Os dois cegos, confiantes, seguiram Jesus de perto, gritando e o chamando: — Tem misericórdia de nós, Filho de Davi.

Quando Jesus chegou à casa para a qual se dirigia, os dois cegos, temendo que ele não lhes desse nenhuma atenção, seguiram-no. Jesus virou-se para eles e disse: — Vocês creem que sou capaz de curá-los?

— Oh, sim. Senhor. Nós cremos! — eles exclamaram juntos.

Então ele tocou nos olhos deles e disse: — Seja feito de acordo com a sua fé.

E os olhos deles se abriram.

Primeiro, Jesus exigiu daqueles cegos uma franca declaração audível antes de curá-los. Pediu-lhes que dissessem as palavras de confirmação de sua fé. Como foram importantes aquelas palavras! Que proveito receberam cumprindo aquele simples pedido de Jesus! Jesus sabia que eles criam, mas queria ouvir deles essa declaração. Então, sabendo que falavam a verdade, atendeu-os por causa de sua fé.

Algum tempo atrás, ouvi contar a experiência de um ministro que viajava por diversas cidades estrangeiras. O país de onde partia era quase medieval em seus primitivos padrões de vida. Toda água tinha de ser fervida antes que alguém pudesse bebê-la. Todas as frutas comestíveis tinham de ser descascadas. Todos os viajantes tinham de tomar extremos cuidados para não contrair certas enfermidades dolorosas que os habitantes daquele país tinham de aceitar como coisas comuns e inevitáveis.

O ministro preparava-se para entrar num país que era totalmente diferente. O alimento ali não oferecia perigos. As condições higiênicas eram irrepreensíveis. Os cidadãos ali desfrutavam de um razoável grau de prosperidade.

— Jamais me esquecerei — disse o viajante. — Como foi estranho sair do ônibus minúsculo que me levou à fronteira para que eu pudesse atravessar a estreita faixa de terra que separava aqueles dois países. Subi no moderno ônibus de ar condicionado do outro lado. Realizei essa transferência mais que bem-vinda simplesmente apresentando meu passaporte.

Temos passaportes para Deus. Nosso passaporte é o sangue de Jesus Cristo. Temos de usar nossas palavras para expressar nosso honesto desejo de pertencer a ele. Então, temos de demonstrar nossos direitos de sermos aceitos declarando nossa fé em Jesus Cristo como nosso Senhor e Salvador. Não podemos salvar a nós mesmos por nossos próprios esforços, mas "para Deus todas as coisas são possíveis". Se você simplesmente compreender essas verdades e as declarar, Deus abrirá portas que você antes considerou barreiras impossíveis de transpor. Jesus disse:

"Eu sou a porta; quem entrar por mim será salvo. Entrará e sairá, e encontrará pastagem" (João 10.9). Esse é o passaporte

164 | Há poder em suas palavras

que ele pode ser em sua vida; o passaporte de uma vida de ansiedade tentando "andar sozinho" para a vida na qual todas as suas responsabilidades passam a ser dele e todas as suas necessidades são supridas.

Uma mulher em Los Angeles me disse que tinha desenvolvido um ódio íntimo contra os parentes de seu marido por causa da maneira pela qual a tratavam. Esse não é um problema incomum. Perguntei-lhe se dera a Deus uma oportunidade de tirar dela tais sentimentos. Disse-lhe que falasse ao Senhor sobre o assunto tão franca e honestamente quanto falara comigo. Quando o fez, descobriu que o Espírito de Deus operou em seu benefício e a ajudou.

Quando expulsou aqueles sentimentos de ressentimento de sua mente, experimentou um grande alívio. E, mais importante, ela não os entregou ao Senhor parcialmente para depois retomá-los. Quando me encontrei com ela mais tarde, todo o problema fora entregue ao Senhor; deixara com ele o seu fardo e descobrira que Deus estava cuidando dele. Quando começou a demonstrar maior amor aos seus parentes, descobriu que eles também corresponderam com amor.

Qual é o lugar que Deus diz ocupar em sua vida? Salmos 55.22 orienta: "Entregue suas preocupações ao Senhor, e ele o susterá; jamais permitirá que o justo venha a cair". Eis o maior de todos os levantadores de peso que o mundo já conheceu. Não tem comparação! Transforme essas palavras em suas palavras, pois ele diz que sustentará você.

Não há necessidade grande demais ou pequena demais a que Deus não responda se você crer inteiramente que ele há de resolvê-la. Lembre-se: foi ele que disse: "Para Deus todas as coisas são possíveis".

Austin Barton contou-me essa história de uma lição que aprendeu de um orador inglês, o irmão Breenwood.

Ele transmitira a Austin Barton a seguinte orientação: — Lembre-se do poder de suas palavras. Quando pedir a Deus alguma coisa, não o limite. Se você precisar de 100 dólares, diga ao Senhor: "Preciso de 100 dólares ou mais!". Se você precisa de 200 dólares, diga ao Senhor: "Preciso de 200 dólares ou mais! Se você precisar de 1.000 dólares, diga ao Senhor: "Preciso de 1.000 dólares ou mais". Mas dê ao Senhor a oportunidade de atender abundantemente àquilo que você lhe pedir.

Concordo que nossas palavras produzirão exatamente o que dizemos. Se você está vivendo uma vida miserável, resolva-se hoje a mudá-la. Depois de resolver mudá-la, fale sobre isso com Deus, fale sobre isso em qualquer lugar! Aguarde o acontecimento de grandes coisas, pois Deus será o seu provedor. Ele será — se suas palavras o permitirem. O que você diz determina o que você recebe.

Geralmente nós nos tornamos o nosso próprio problema. Em lugar de ser parte da resposta, continuamos sendo parte do problema. Imagine que seus sentidos tenham revelado que você está em grandes necessidades financeiras. A Palavra declara: "O meu Deus suprirá todas as necessidades de vocês" (Filipenses 4.19). Você tem de chamar a atenção de Deus para o dinheiro que falta. Você precisa ter certeza do que espera dele. Recuse-se a ser intimidado por seus sentimentos. Saiba que maior é o Deus que está em você do que as outras forças que o cercam. As forças que se lhe opõem são seus sentidos, seus sentimentos. O poder que está em você é Deus operando em sua vida.

Depois fale. Faça suas palavras expressarem a verdade sobre o que Deus significa para você, sobre sua unção e sociedade com Deus. Afirme que ele é aquele que o apoia e lhe fornece o capital para suprir suas necessidades. Dê-lhe crédito pela capacidade e sabedoria dele. Tenha coragem de confessar em

166 | **Há poder em suas palavras**

voz alta para o mundo ouvir a sua confiança no sucesso que jaz em sua graça conforme ele a demonstra a você. Deus há de recompensar tal compromisso. Só com ele torna-se possível fazer todas as coisas.

Lembro-me de uma mulher que assistia a uma de nossas reuniões. Muitas pessoas tinham orado por ela, mas ela continuava carregando o seu fardo. Um dia eu preguei sobre o fato de Satanás procurar manter-nos conscientes do pecado. Isso impede nossa fé e, óbvio, é exatamente o que Satanás tenta fazer todos os dias. Ele o faz levantando dúvidas em sua mente. Ele afirmará que Deus nunca o perdoou pelo que você fez. Ou dirá que há muito pecado em sua vida para que você possa agradar a Deus.

Essa mulher, que se identificou como sra. Blaine, procurou-me depois do culto. Obviamente parecia perturbada. Derramou diante de mim suas muitas tentativas de ser culpada. Depois, deixou escapar de supetão: — Mas agora sei por que minha fé não produzia resultados. Cometi um terrível pecado há vinte e cinco anos, e Deus nunca me perdoou.

Eu lhe perguntei: — A senhora pode me dizer que pecado foi?

Ela respondeu: — Menti a respeito de uma parenta minha. Insinuei ao marido dela que ela não lhe era fiel. O problema terrível que se seguiu quase levou aqueles dois à separação, e houve divisão em toda a minha família por causa de minhas observações.

Pedi a ela que lesse as palavras de 1João 1.9: "Se confessarmos os nossos pecados" — essa é a nossa parte: confessar nossos pecados a Deus. "Ele é fiel e justo para perdoar os nossos pecados e nos purificar de toda injustiça". Essa é a parte de Deus!

A sra. Blaine continuou argumentando: — Mas, irmão Gossett, tenho clamado e orado muitas vezes a Deus para que me perdoe esse erro terrível que cometi, mas não adiantou nada.

A resposta que dei a ela foi rápida e brusca: — Sra. Blaine, não creio que a senhora perceba o que está dizendo! Quando a senhora me diz que confessou seu pecado a Deus e que ele não a perdoou, a senhora está contradizendo Deus. O que a senhora está dizendo não é verdade. Seja Deus verdadeiro e todo homem mentiroso. Deus não é homem para que possa mentir. Deus faz o que diz. Deus cumpre sua Palavra.

Então ela suplicou-me: — Que devo fazer então?

— Simplesmente aceite a Palavra de Deus ao pé da letra — declarei. — Uma vez que Deus disse que seria fiel e justo para perdoar todo pecado confessado a ele e nos purificar de toda injustiça, aceite a palavra dele. Quer a senhora sinta o perdão quer não, Deus prometeu, e assim é. Comece agradecendo-lhe por sua graça e misericórdia. — A mulher afastou-se para ficar sozinha e orar. Mais tarde, quando a vi novamente, estava louvando a Deus pela certeza de que seus pecados — até os que tinham vinte e cinco anos — foram todos perdoados!

Quando você declara algo, está realmente decretando isso em sua vida. Se você decreta que não recebeu perdão, não terá nenhum perdão. Mas, se você decreta que os recursos divinos são seus, então terá seus recursos. Em Marcos 11.23, Jesus disse: "Se alguém disser [...] e não duvidar em seu coração, mas crer que acontecerá o que diz, assim lhe será feito".

Com suas palavras, você estabelece em sua vida o lugar exato que Deus vai ocupar nela. Sua oração deveria ser: "Que as palavras da minha boca e a meditação do meu coração sejam agradáveis a ti, Senhor, minha Rocha e meu Resgatador!" (Salmos 19.14). Medite bastante, mas tome o cuidado de que suas meditações sejam governadas pela Palavra de Deus. Sua conduta é principalmente determinada por pensamentos do passado. Você não pode pensar ou meditar muito e profundamente sem que seus pensamentos se materializem em atos e palavras.

168 | **Há poder em suas palavras**

Como é importantíssimo que você submeta a Deus o primeiro lugar em sua vida! Você estará submetendo sua mente espírito como canais por meio dos quais Deus pode pensar os pensamentos dele. Por isso agradecemos ao Senhor e o louvamos!

NÃO PROTELE E NÃO DESISTA

1. Sempre espere o melhor — sempre. Jamais espere o pior — jamais. Espere um milagre. É a sua atitude para com a vida que dá forma à sua vida. Você sempre obtém exatamente o que espera — bem ou mal. Espere o bem, e você o terá. Espere o mal, e também o obterá.

2. Esperando com atitude de oração, agora mesmo você está decidindo o que você e suas circunstâncias serão amanhã. O homem junto à porta Formosa "olhou para eles com atenção, esperando receber deles alguma coisa". Ele esperou alguma coisa e a obteve. Espere milagres em sua vida, e os milagres farão parte dela, tal como aconteceu ao aleijado sem esperanças junto à porta.

3. Seja uma pessoa que diz: "Deus pode fazer coisas e Deus e ele o fará... por meu intermédio". Isso não é egoísmo; é 100% bíblico. Hebreus 11 nos fala de homens e mulheres que realizaram coisas. Você também pode realizá-las. Você pode fazer qualquer coisa que o Senhor desejar que seja feita.

4. O segredo da vitória é ação e persistência. Não adie e não desista. "[...] os que usam de força se apoderam dele" (Mateus 11.12). A fé que se esforça sempre consegue coisas!

5. Viva o AGORA, o hoje, nunca o "amanhã". Não diga o que você faria se as circunstâncias estivessem a seu favor, ou se você tivesse dinheiro, ou se você tivesse cultura, ou se você tivesse oportunidades. Varra de sua vida esse "se" e saia conquistando. Pare de sonhar com uma vida agradável que você aguarda para o próximo ano, ou daqui a dez anos. Comece a viver agora mesmo o máximo de sua vida.

6. Seja grande para Deus agora. Perdoe os outros agora. Seja ousado e corajoso agora. Não deixe a vida positiva e construtiva para um futuro vago e indefinido.

7. Recuse-se a ser dominado pelo medo. "O que eu temia veio sobre mim; o que eu receava me aconteceu" (Jó 3.25). Seja o que for que você teme continuamente, você receberá. Você pediu, dando lugar ao medo. Não culpe a falta de sorte, o infortúnio, o destino ou "outras pessoas". Você é o seu maior inimigo, seu maior perturbador. Tenha certeza: aquilo que você teme lhe sobrevirá. Mude isso agora mesmo afirmando: — O medo não tem lugar em meu coração, pois Deus não me deu espírito de temor!

SEGUNDA PARTE

O QUE VOCÊ RECEBE

Capítulo 19

COMO USAR ESTAS PROMESSAS

Dedicamos a maior parte deste livro tratando do que você diz, e creio que você já leu e usou muitas promessas bíblicas. O restante desta obra é uma sobremesa: foi inteiramente dedicado às promessas bíblicas que você pode reivindicar usando os princípios de falar e crer que já discutimos.

Como recordação, quero lembrá-lo de que, quando você aceitou Jesus como Senhor, tornou-se filho de Deus. Como filho de Deus, você tem agora certos direitos e privilégios, que foram apresentados na Palavra de Deus, a Bíblia.

Embora a aliança que você fez com Deus seja a Nova Aliança, pode também reivindicar qualquer promessa garantida pela Antiga Aliança, uma vez que a Bíblia nos diz que todas as promessas de Deus nele (Cristo) são sim e amém, para a glória de Deus por nós. Se está na Bíblia, é uma promessa que você pode reivindicar!

Deus diz: "Não violarei a minha aliança nem modificarei as promessas dos meus lábios" (Salmos 89.34); "O que eu disse, isso eu farei acontecer; o que planejei, isso farei" (Isaías 46.11). A Bíblia nos diz que Deus não pode mentir e que ele também é capaz de cumprir aquilo que prometeu. Portanto, quando você

174 | Há poder em suas palavras

reclamar uma promessa da Bíblia (cumprindo quaisquer condições que lhe são pertinentes), pode ter certeza, sem a menor sombra de dúvida, que Deus há de cumprir a sua palavra em questão.

É importante aceitar cada promessa exatamente como está. Não tente acrescentar-lhe algo, ou explicar o que "realmente deve significar", ou ler nas entrelinhas. Leia-a exatamente como se fosse um documento legal — porque é o que ela é. A Bíblia é o testamento que explica tudo o que herdamos quando Cristo morreu por nós.

Se houver uma parte da promessa que fala de uma coisa que você deve fazer ("orar", "crer" etc.), então faça-a. Há algumas promessas que Deus considera como uma troca — falam do que ele fará se você cumprir a sua parte no negócio.

Finalmente, lembre-se de que Deus prometeu o que ele fará, mas não prometeu quando o fará, embora sempre o faça na hora! Os resultados desejados podem aparecer imediatamente. Mas também podem não aparecer. A Bíblia chama esse período de espera de "prova da sua fé" e diz que ele "produz perseverança" (Tiago 1.3), e isso é muito mais precioso do que o ouro perecível (1Pedro 1.7). Mas não tema, creia somente, e Deus proporcionará o resultado desejado no seu devido tempo.

Eis, agora, o que você recebe.

RESPOSTAS À ORAÇÃO

Para Deus, nada é impossível. Eis promessas da Palavra de Deus que você pode reivindicar sempre que precisar de uma resposta milagrosa à oração:

"Pois todo o que pede recebe; o que busca encontra; e àquele que bate, a porta será aberta" (Mateus 7.8).

"Se vocês, apesar de serem maus, sabem dar boas coisas aos seus filhos, quanto mais o Pai de vocês, que está nos céus, dará coisas boas aos que lhe pedirem!" (Mateus 7.11).

Como usar estas promessas | 175

"Eu asseguro que, se vocês tiverem fé do tamanho de um grão de mostarda, poderão dizer a este monte: 'Vá daqui para lá', e ele irá. Nada será impossível para vocês" (Mateus 17.20).

"Também digo que, se dois de vocês concordarem na terra em qualquer assunto sobre o qual pedirem, isso será feito a vocês por meu Pai que está nos céus" (Mateus 18.19).

"E tudo o que pedirem em oração, se crerem, vocês receberão" (Mateus 21.22).

"Se podes? [...] Tudo é possível àquele que crê" (Marcos 9.23).

"Tenham fé em Deus. Eu asseguro que, se alguém disser a este monte: 'Levante-se e atire-se no mar', e não duvidar em seu coração, mas crer que acontecerá o que diz, assim lhe será feito. Portanto, eu digo: Tudo o que vocês pedirem em oração, creiam que já o receberam, e assim sucederá" (Marcos 11.22-24).

"Estes sinais acompanharão os que crerem: em meu nome expulsarão demônios; falarão novas línguas; pegarão em serpentes; e, se beberem algum veneno mortal, não lhes fará mal nenhum; imporão as mãos sobre os doentes, e estes ficarão curados" (Marcos 16.17,18).

"Se vocês tiverem fé do tamanho de uma semente de mostarda, poderão dizer a esta amoreira: 'Arranque-se e plante-se no mar', e ela obedecerá" (Lucas 17.6).

"Digo a verdade: Aquele que crê em mim fará também as obras que tenho realizado. Fará coisas ainda maiores do que estas, porque eu estou indo para o Pai" (João 14.12).

"E eu farei o que vocês pedirem em meu nome, para que o Pai seja glorificado no Filho" (João 14.13).

"O que vocês pedirem em meu nome, eu farei" (João 14.14).

"O Pai conceda a vocês o que pedirem em meu nome" (João 15.16).

"Nesse dia, vocês pedirão em meu nome. Não digo que pedirei ao Pai em favor de vocês, pois o próprio Pai os ama, porquanto vocês me amaram e creram que eu vim de Deus" (João 16.26,27).

O BATISMO DO ESPÍRITO SANTO

O batismo do Espírito Santo é o maior segredo daquele que recebe o que diz. É uma segunda experiência com Deus (a primeira é o novo nascimento) na qual o cristão começa a receber a plenitude do poder sobrenatural em sua vida. Eis passagens bíblicas que mostram que você pode esperar a plenitude do Espírito Santo:

"Porei o meu Espírito em vocês e os levarei a agir segundo os meus decretos e a obedecer fielmente às minhas leis" (Ezequiel 36.27).

"E, depois disso, derramarei do meu Espírito sobre todos os povos. Os seus filhos e as suas filhas profetizarão, os velhos terão sonhos, os jovens terão visões" (Joel 2.28).

"Eu os batizo com água para arrependimento. Mas depois de mim vem alguém mais poderoso do que eu, tanto que não sou digno nem de levar as suas sandálias. Ele os batizará com o Espírito Santo e com fogo" (Mateus 3.11).

"Se vocês, apesar de serem maus, sabem dar boas coisas aos seus filhos, quanto mais o Pai que está nos céus dará o Espírito Santo a quem o pedir!" (Lucas 11.13).

"E eu pedirei ao Pai, e ele dará a vocês outro Conselheiro para estar com vocês para sempre, o Espírito da verdade.

O mundo não pode recebê-lo, porque não o vê nem o conhece. Mas vocês o conhecem, pois ele vive com vocês e estará em vocês" (João 14.16,17).

"Mas o Conselheiro, o Espírito Santo, que o Pai enviará em meu nome, ensinará a vocês todas as coisas e fará vocês lembrarem tudo o que eu disse" (João 14.26).

"Quando vier o Conselheiro, que eu enviarei a vocês da parte do Pai, o Espírito da verdade que provém do Pai, ele testemunhará a meu respeito" (João 15.26).

"Mas eu afirmo que é para o bem de vocês que eu vou. Se eu não for, o Conselheiro não virá para vocês; mas, se eu for, eu o enviarei" (João 16.7).

"Mas receberão poder quando o Espírito Santo descer sobre vocês, e serão minhas testemunhas em Jerusalém, em toda a Judeia e Samaria, e até os confins da terra" (Atos 1.8).

"Arrependam-se, e cada um de vocês seja batizado em nome de Jesus Cristo para perdão dos seus pecados, e receberão o dom do Espírito Santo" (Atos 2.38).

"A promessa é para vocês, para os seus filhos e para todos os que estão longe, para todos quantos o Senhor, o nosso Deus, chamar" (Atos 2.39).

CONFORTO

Jesus deseja que tenhamos paz e alegria mesmo em meio a adversidades e provações. Eis vários motivos para você não ficar triste, mas, sim, ter confiança e alegrar-se por causa da maravilhosa provisão do Senhor para você:

"Você esquecerá as suas desgraças, lembrando-as apenas como águas passadas" (Jó 11.16).

178 | Há poder em suas palavras

"Mesmo quando eu andar por um vale de trevas e morte, não temerei perigo algum, pois tu estás comigo; a tua vara e o teu cajado me protegem" (Salmos 23.4).

"O Senhor está perto que têm o coração quebrantado e salva os de espírito abatido" (Salmos 34.18).

"Este é o meu consolo no meu sofrimento: A tua promessa dá-me vida" (Salmos 119.50).

"Só ele cura os de coração quebrantado e cuida das suas feridas" (Salmos 147.3).

"Pois o Senhor consola o seu povo e terá compaixão de seus afligidos" (Isaías 49.13).

"Eu, eu mesmo, sou quem a consola" (Isaías 51.12).

"'Embora os montes sejam sacudidos e as colinas sejam removidas, ainda assim a minha fidelidade para com você não será abalada, nem será removida a minha aliança de paz', diz o Senhor, que tem compaixão de você" (Isaías 54.10).

"Enviou-me para cuidar dos que estão com o coração quebrantado, anunciar liberdade aos cativos e libertação das trevas aos prisioneiros, para proclamar o ano da bondade do Senhor e o dia da vingança do nosso Deus; para consolar todos os que andam tristes e dar a todos os que choram em Sião uma bela coroa em vez de cinzas, o óleo da alegria em vez de pranto e um manto de louvor em vez de espírito deprimido" (Isaías 61.1-3).

"Bem-aventurados os que choram, pois serão consolados" (Mateus 5.4).

"Não os deixarei órfãos; voltarei para vocês" (João 14.18).

"Bendito seja o Deus e Pai de nosso Senhor Jesus Cristo, Pai das misericórdias e Deus de toda consolação, que nos consola em todas as nossas tribulações, para que, com a consolação que recebemos de Deus, possamos consolar os que estão passando por tribulações" (2Coríntios 1.3,4).

FÉ

Você pode ter ousadia na vida cristã sendo um homem ou uma mulher de fé. Você pode reivindicar a fé necessária para qualquer situação. Que bênção é ter a convicção de que, independentemente de seus sentimentos, Deus afirma que fé é algo que você já possui, é um dom recebido dele!

"Porque no evangelho é revelada a justiça de Deus, uma justiça que do princípio ao fim é pela fé, como está escrito: 'O justo viverá pela fé'" (Romanos 1.17).

"Consequentemente, a fé vem por se ouvir a mensagem, e a mensagem é ouvida mediante a palavra de Cristo" (Romanos 10.17).

"A medida da fé que Deus lhe concedeu" (Romanos 12.3).

"Mas a Escritura encerrou tudo debaixo do pecado, a fim de que a promessa, que é pela fé em Jesus Cristo, fosse dada aos que creem" (Gálatas 3.22).

"Todos vocês são filhos de Deus mediante a fé em Cristo Jesus" (Gálatas 3.26).

"Mas o fruto do Espírito é amor, alegria, paz, paciência, amabilidade, bondade, fidelidade" (Gálatas 5.22).

"Pois vocês são salvos pela graça, por meio da fé, e isto não vem de vocês, é dom de Deus" (Efésios 2.8).

"Pois a vocês foi dado o privilégio de não apenas crer em Cristo, mas também de sofrer por ele" (Filipenses 1.29).

"De modo que vocês não se tornem negligentes, mas imitem aqueles que, por meio da fé e da paciência, recebem a herança prometida" (Hebreus 6.12).

"O que é nascido de Deus vence o mundo; e esta é a vitória que vence o mundo: a nossa fé" (1João 5.4).

COMUNHÃO COM DEUS

A Bíblia diz que Deus nos criou para sua satisfação e que os que andam em integridade são o seu prazer (Provérbios 11.20). Se nós lhe obedecemos, somos seus amigos.

"O Senhor está com vocês quando vocês estão com ele. Se o buscarem, ele deixará que o encontrem, mas, se o abandonarem, ele os abandonará" (2Crônicas 15.2).

"Com certeza os justos darão graças ao teu nome, e os homens íntegros viverão na tua presença" (Salmos 140.13).

"E eu estarei sempre com vocês, até o fim dos tempos" (Mateus 28.20).

"Quem tem os meus mandamentos e lhes obedece, esse é o que me ama. Aquele que me ama será amado por meu Pai, e eu também o amarei e me revelarei a ele" (João 14.21).

"Vocês serão meus amigos, se fizerem o que eu ordeno" (João 15.14).

"Aproximem-se de Deus, e ele se aproximará de vocês!" (Tiago 4.8).

"Proclamamos o que vimos e ouvimos para que vocês também tenham comunhão conosco. Nossa comunhão é com o Pai e com seu Filho Jesus Cristo" (1João 1.3).

"Eis que estou à porta e bato. Se alguém ouvir a minha voz e abrir a porta, entrarei e cearei com ele, e ele comigo" (Apocalipse 3.20).

Como usar estas promessas | 181

PROSPERIDADE FINANCEIRA

A Palavra de Deus assegura libertação de preocupações financeiras. Muitas pessoas perdem a paz e a alegria no Senhor por causa de suas constantes preocupações em relação ao dinheiro. Contudo, na qualidade de cristão, se você é fiel em seus dízimos e ofertas, pode reivindicar as promessas abaixo. Os bancos podem falir e o dinheiro desvalorizar-se, mas a Palavra de Deus permanece para sempre.

"Sigam fielmente os termos desta aliança, para que vocês prosperem em tudo o que fizerem" (Deuteronômio 29.9).

"Confie no Senhor e faça o bem; assim você habitará na terra e desfrutará segurança" (Salmos 37.3).

"Já fui jovem e agora sou velho, mas nunca vi o justo desamparado nem seus filhos mendigando o pão" (Salmos 37.25).

"O Senhor Deus é sol e escudo; o Senhor concede favor e honra; não recusa nenhum bem aos que vivem com integridade" (Salmos 84.11).

"O homem bom deixa herança para os filhos de seus filhos, mas a riqueza do pecador é armazenada para os justos" (Provérbios 13.22).

"Atire o seu pão sobre as águas, e depois de muitos dias você tornará a encontrá-lo" (Eclesiastes 11.1).

"Darei a vocês os tesouros das trevas, riquezas armazenadas em locais secretos, para que você saiba que eu sou o Senhor, o Deus de Israel, que o convoca pelo nome" (Isaías 45.3).

"Deem e será dado a vocês: uma boa medida, calcada, sacudida e transbordante será dada a vocês. Pois a medida que usarem também será usada para medir vocês" (Lucas 6.38).

182 | Há poder em suas palavras

"Se Deus veste assim a erva do campo, que hoje existe e amanhã é lançada ao fogo, quanto mais vestirá vocês, homens de pequena fé!" (Lucas 12.28).

"Busquem, pois, o Reino de Deus, e essas coisas serão acrescentadas a vocês" (Lucas 12.31).

"Não tenham medo, pequeno rebanho, pois foi do agrado do Pai dar o Reino a vocês" (Lucas 12.32).

"Até agora vocês não pediram nada em meu nome. Peçam e receberão, para que a alegria de vocês seja completa" (João 16.24).

"O meu Deus suprirá todas as necessidades de vocês, de acordo com as suas gloriosas riquezas em Cristo Jesus" (Filipenses 4.19).

"Amado, oro para que você tenha boa saúde e tudo corra bem, assim como vai bem a sua alma" (3João 2).

PERDÃO

Se você perdoar àqueles que lhe fizeram mal, Deus o perdoará quando você precisar de perdão. Perdoe primeiro; depois, peça perdão e então se firme nas seguintes promessas:

"Como o Oriente está longe do Ocidente, assim ele afasta para longe de nós as nossas transgressões" (Salmos 103.12).

"Portanto, agora já não há condenação para os que estão em Cristo Jesus" (Romanos 8.1).

"Assim foram alguns de vocês. Mas vocês foram lavados, foram santificados, foram justificados no nome do Senhor Jesus Cristo e no Espírito de nosso Deus" (1Coríntios 6.11).

"Deus tornou pecado por nós aquele que não tinha pecado, para que nele nos tornássemos justiça de Deus" (2Coríntios 5.21).

"Nele temos a redenção por meio de seu sangue, o perdão dos pecados, de acordo com as riquezas da graça de Deus" (Efésios 1.7).

"Em quem temos a redenção, a saber, o perdão dos pecados" (Colossenses 1.14).

"Se, porém, andarmos na luz, como ele está na luz, temos comunhão uns com os outros, e o sangue de Jesus, seu Filho, nos purifica de todo pecado" (1João 1.7).

"Se confessarmos os nossos pecados, ele é fiel e justo para perdoar os nossos pecados e nos purificar de toda injustiça" (1João 1.9).

"Se, porém, alguém pecar, temos um intercessor junto ao Pai, Jesus Cristo, o Justo. Ele é a propiciação pelos nossos pecados, e não somente pelos nossos, mas também pelos pecados de todo o mundo" (1João 2.1,2).

CURA

"Não tenha medo; tão somente creia" (Marcos 5.36). Tenho visto Deus curando milhares de pessoas, e o que ele fez por elas fará por você também.

"Eu sou o SENHOR que os cura" (Êxodo 15.26).

"Tirarei a doença do meio de vocês" (Êxodo 23.25).

"Bendiga o SENHOR a minha alma! Não esqueça nenhuma de suas bênçãos! É ele que perdoa todos os seus pecados e cura todas as suas doenças, que resgata a sua vida da sepultura e o coroa de bondade e compaixão" (Salmos 103.2-4).

"Enviou a sua palavra e os curou" (Salmos 107.20).

"Pelas suas feridas fomos curados" (Isaías 53.5).

"Mas, para vocês que reverenciam o meu nome, o sol da justiça se levantará trazendo cura em suas asas" (Malaquias 4.2).

184 | Há poder em suas palavras

"Ele tomou sobre si as nossas enfermidades e sobre si levou as nossas doenças" (Mateus 8.17).

"Estes sinais acompanharão os que crerem: em meu nome expulsarão demônios; falarão novas línguas; pegarão em serpentes; e, se beberem algum veneno mortal, não lhes fará mal nenhum; imporão as mãos sobre os doentes, e estes ficarão curados" (Marcos 16.17,18).

"Entre vocês há alguém que está doente? Que ele mande chamar os presbíteros da igreja, para que estes orem sobre ele e o unjam com óleo, em nome do Senhor. A oração feita com fé curará o doente; o Senhor o levantará. E, se houver cometido pecados, ele será perdoado" (Tiago 5.14,15).

"Confessem os seus pecados uns aos outros e orem uns pelos outros para serem curados" (Tiago 5.16).

"Por suas feridas vocês foram curados" (1Pedro 2.24).

"Amado, oro para que você tenha boa saúde e tudo corra bem, assim como vai bem a sua alma" (3João 2).

RECOMPENSAS CELESTES

A Palavra de Deus afirma que ele concederá recompensas celestes aos cristãos. Assim, podemos contar com elas desde já. Peça a Deus que o ajude a viver de tal maneira que você possa estar apto a receber as melhores bênçãos!

"Quanto a mim, feita a justiça, verei a tua face; quando despertar, ficarei satisfeito ao ver a tua semelhança" (Salmos 17.15).

"Mas acumulem para vocês tesouros nos céus, onde a traça e a ferrugem não destroem e onde os ladrões não arrombam nem furtam" (Mateus 6.20).

"Então os justos brilharão como o sol no Reino de seu Pai" (Mateus 13.43).

"O senhor respondeu: 'Muito bem, servo bom e fiel! Você foi fiel no pouco, eu o porei sobre o muito. Venha e participe da alegria do seu senhor'" (Mateus 25.21).

"Então o Rei dirá aos que estiverem à sua direita: 'Venham, benditos de meu Pai! Recebam como herança o Reino que foi preparado para vocês desde a criação do mundo'" (Mateus 25.34).

"Na casa de meu Pai há muitos aposentos; se não fosse assim, eu teria dito a vocês. Vou preparar lugar para vocês. E, quando eu for e preparar lugar, voltarei e os levarei para mim, para que vocês estejam onde eu estiver" (João 14.2,3).

"Quando Cristo, que é a sua vida, for manifestado, então vocês também serão manifestados com ele em glória" (Colossenses 3.4).

"E assim estaremos com o Senhor para sempre" (1Tessalonicenses 4.17).

"Agora me está reservada a coroa da justiça, que o Senhor, justo Juiz, me dará naquele dia; e não somente a mim, mas também a todos os que amam a sua vinda" (2Timóteo 4.8).

"Em vez disso, esperavam eles uma pátria melhor, isto é, a pátria celestial. Por essa razão Deus não se envergonha de ser chamado o Deus deles e lhes preparou uma cidade" (Hebreus 11.16).

"Todavia, de acordo com a sua promessa, esperamos novos céus e nova terra, onde habita a justiça" (2Pedro 3.13).

"Por isso, 'eles estão diante do trono de Deus e o servem dia e noite em seu santuário; e aquele que está assentado no trono estenderá sobre eles o seu tabernáculo. Nunca mais terão fome, nunca mais terão sede. Não os afligirá

186 | Há poder em suas palavras

o sol nem qualquer calor abrasador, pois o Cordeiro que está no centro do trono será o seu Pastor; ele os guiará às fontes de água viva. E Deus enxugará dos seus olhos toda lágrima'" (Apocalipse 7.15-17).

AUXÍLIO

Há pessoas cujo auxílio não preciso! Mas o auxílio divino é a melhor que há. Estes textos bíblicos prometem o auxílio de Deus:

"Nossa esperança está no SENHOR; ele é o nosso auxílio e a nossa proteção" (Salmos 33.20).

"Deus é o nosso refúgio e a nossa fortaleza, auxílio sempre presente na adversidade" (Salmos 46.1).

"Vocês que temem o SENHOR, confiem no SENHOR! Ele é o seu socorro e o seu escudo" (Salmos 115.11).

"O meu socorro vem do SENHOR, que fez os céus e a terra" (Salmos 121.2).

"O nosso socorro está no nome do SENHOR, que fez os céus e a terra" (Salmos 124.8).

"Por isso não tema, pois estou com você; não tenha medo, pois sou o seu Deus. Eu o fortalecerei e o ajudarei; eu o segurarei com a minha mão direita vitoriosa" (Isaías 41.10).

"Da mesma forma o Espírito nos ajuda em nossa fraqueza, pois não sabemos como orar, mas o próprio Espírito intercede por nós com gemidos inexprimíveis" (Romanos 8.26).

"Assim, aproximemo-nos do trono da graça com toda a confiança, a fim de recebermos misericórdia e encontrarmos graça que nos ajude no momento da necessidade" (Hebreus 4.16).

"Podemos, pois, dizer com confiança: 'O Senhor é o meu ajudador, não temerei. O que me podem fazer os homens?'" (Hebreus 13.6).

PODER

O poder que Deus concede é poder para servir. Pois "se alguém quiser ser o primeiro, será o último, e servo de todos" (Marcos 9.35).

"Tu és temível no teu santuário, ó Deus; é o Deus de Israel que dá poder e força ao seu povo. Bendito seja Deus!" (Salmos 68.35).

"Ele fortalece o cansado e dá grande vigor ao que está sem forças" (Isaías 40.29).

"Eu dei a vocês autoridade para pisarem sobre cobras e escorpiões, e sobre todo o poder do inimigo; nada lhes fará dano" (Lucas 10.19).

"Digo a verdade: Aquele que crê em mim fará também as obras que tenho realizado. Fará coisas ainda maiores do que estas, porque eu estou indo para o Pai" (João 14.12).

"Mas receberão poder quando o Espírito Santo descer sobre vocês" (Atos 1.8).

"Se Deus é por nós, quem será contra nós?" (Romanos 8.31).

"Pois Deus não nos deu espírito de covardia, mas de poder, de amor e de equilíbrio" (2Timóteo 1.7).

PROTEÇÃO

A Bíblia diz que Deus é capaz de proteger seus filhos de calamidades súbitas e também de obstáculos conhecidos.

188 | Há poder em suas palavras

"Tu és o meu abrigo; tu me preservarás das angústias e me cercarás de canções de livramento" (Salmos 32.7).

"O anjo do Senhor é sentinela ao redor daqueles que o temem, e os livra" (Salmos 34.7).

"Nenhum mal o atingirá, desgraça alguma chegará à sua tenda" (Salmos 91.10).

"O Senhor o protegerá de todo o mal, protegerá a sua vida" (Salmos 121.7).

"Ainda que eu passe por angústias, tu me preservas a vida da ira dos meus inimigos; estendes a tua mão direita e me livras" (Salmos 138.7).

"Pois o Senhor será a sua segurança e o impedirá de cair em armadilha" (Provérbios 3.26).

"Se Deus é por nós, quem será contra nós?" (Romanos 8.31).

"Mas o Senhor é fiel; ele os fortalecerá e os guardará do Maligno" (2Tessalonicenses 3.3).

SALVAÇÃO

Deus deseja salvá-lo tanto quanto você deseja ser salvo, e ele prometeu que "se alguém ouvir a minha voz e abrir a porta, entrarei e cearei com ele [...]" (Apocalipse 3.20).

"Ela dará à luz um filho, e você deverá dar-lhe o nome de Jesus, porque ele salvará o seu povo dos seus pecados" (Mateus 1.21).

"Porque Deus tanto amou o mundo que deu o seu Filho Unigênito, para que todo o que nele crer não pereça, mas tenha a vida eterna" (João 3.16).

"Todo aquele que o Pai me der virá a mim, e quem vier a mim eu jamais rejeitarei" (João 6.37).

"Eu sou a porta; quem entra por mim será salvo. Entrará e sairá, e encontrará pastagem" (João 10.9).

"Disse-lhe Jesus: 'Eu sou a ressurreição e a vida. Aquele que crê em mim, ainda que morra, viverá'" (João 11.25).

"Respondeu Jesus: 'Eu sou o caminho, a verdade e a vida. Ninguém vem ao Pai, a não ser por mim'" (João 14.6).

"Esta é a vida eterna: que te conheçam, o único Deus verdadeiro, e a Jesus Cristo, a quem enviaste" (João 17.3).

"Pois o salário do pecado é a morte, mas o dom gratuito de Deus é a vida eterna em Cristo Jesus, nosso Senhor" (Romanos 6.23).

"Porque 'todo aquele que invocar o nome do Senhor será salvo'" (Romanos 10.13).

BEM-ESTAR ESPIRITUAL

A Bíblia diz que todos nós estamos sendo transformados para sermos semelhantes a Jesus, "com glória cada vez maior". Deus prometeu guardar-nos e também nos fazer crescer nele.

"O Senhor cumprirá o seu propósito para comigo!" (Salmos 138.8).

"A vereda do justo é como a luz da alvorada, que brilha cada vez mais até a plena claridade do dia" (Provérbios 4.18).

"E esta é a vontade daquele que me enviou: que eu não perca nenhum dos que ele me deu, mas os ressuscite no último dia" (João 6.39).

190 | Há poder em suas palavras

"As minhas ovelhas ouvem a minha voz; eu as conheço, e elas me seguem. Eu lhes dou a vida eterna, e elas jamais perecerão; ninguém as poderá arrancar da minha mão" (João 10.27,28).

"Ele os manterá firmes até o fim, de modo que vocês serão irrepreensíveis no dia de nosso Senhor Jesus Cristo" (1Coríntios 1.8).

"E todos nós, que com a face descoberta contemplamos a glória do Senhor, segundo a sua imagem estamos sendo transformados com glória cada vez maior, a qual vem do Senhor, que é o Espírito" (2Coríntios 3.18).

"Aquele que começou boa obra em vocês, vai completá-la até o dia de Cristo Jesus" (Filipenses 1.6).

"Pelo poder de Deus até chegar a salvação prestes a ser revelada no último tempo" (1Pedro 1.5).

FORÇAS

Deus prometeu-nos forças para o corpo e para o espírito; além disso, ele está sempre presente para nos conceder forças, a maior de todas as forças!

"A alegria do Senhor os fortalecerá" (Neemias 8.10).

"Os homens de mãos puras se tornarão cada vez mais fortes" (Jó 17.9).

"O Senhor dá força ao seu povo" (Salmos 29.11).

"Do Senhor vem a salvação dos justos; ele é a sua fortaleza na hora da adversidade" (Salmos 37.39).

"O Deus de Israel que dá poder e força ao seu povo" (Salmos 68.35).

"Confiem para sempre no Senhor, pois o Senhor, somente o Senhor, é a Rocha eterna" (Isaías 26.4).

"Mas aqueles que esperam no Senhor renovam as suas forças. Voam alto como águias; correm e não ficam exaustos, andam e não se cansam" (Isaías 40.31).

"O povo que conhece o seu Deus resistirá com firmeza" (Daniel 11.32).

"Diga o fraco: 'Sou um guerreiro!'" (Joel 3.10).

"Tudo posso naquele que me fortalece" (Filipenses 4.13).

SABEDORIA

A maior sabedoria concedida por Deus é reconhecer a sua vontade. Suas promessas, porém, são irrestritas. Como pai amoroso, ele deseja nos conceder sabedoria para lidar com os menores problemas.

"Pois o Senhor é quem dá sabedoria; de sua boca procedem o conhecimento e o discernimento. Ele reserva a sensatez para o justo; como um escudo protege quem anda com integridade" (Provérbios 2.6,7).

"Os que buscam o Senhor a entendem plenamente" (Provérbios 28.5).

"Ao homem que o agrada, Deus dá sabedoria, conhecimento e felicidade" (Eclesiastes 2.26).

"Clame a mim e eu responderei e direi a você coisas grandiosas e insondáveis que você não conhece" (Jeremias 33.3).

"Se alguém decidir fazer a vontade de Deus, descobrirá se o meu ensino vem de Deus ou se falo por mim mesmo" (João 7.17).

"E conhecerão a verdade, e a verdade os libertará" (João 8.32).

"Mas o Conselheiro, o Espírito Santo, que o Pai enviará em meu nome, ensinará a vocês todas as coisas e fará vocês lembrarem tudo o que eu disse" (João 14.26).

Esta obra foi composta em *Adobe Caslon Pro*
e impressa por Gráfica Expressão e Arte sobre papel
Polen Bold 90g/m² para Editora Vida.